U0502766

职场高手

都在使用的 75 个商务技巧

[日] 中尾隆一郎 ◎著
洪欣怡　胡燕华 ◎译

中国科学技术出版社
·北　京·

图书在版编目（CIP）数据

职场高手都在使用的 75 个商务技巧 /（日）中尾隆一郎著；洪欣怡，胡燕华译 . —北京：中国科学技术出版社，2021.12

ISBN 978-7-5046-8912-2

Ⅰ. ①职…　Ⅱ. ①中… ②洪… ③胡…　Ⅲ. ①商务工作　Ⅳ. ① F715

中国版本图书馆 CIP 数据核字（2021）第 214501 号

策划编辑	杜凡如　杨汝娜	**责任编辑**	杜凡如
封面设计	马筱琨	**版式设计**	锋尚设计
责任校对	张晓莉	**责任印制**	李晓霖

出　　版	中国科学技术出版社
发　　行	中国科学技术出版社有限公司发行部
地　　址	北京市海淀区中关村南大街 16 号
邮　　编	100081
发行电话	010-62173865
传　　真	010-62173081
网　　址	http://www.cspbooks.com.cn

开　　本	880mm × 1230mm　1/32
字　　数	225 千字
印　　张	9
版　　次	2021 年 12 月第 1 版
印　　次	2021 年 12 月第 1 次印刷
印　　刷	北京盛通印刷股份有限公司
书　　号	ISBN 978-7-5046-8912-2/F · 951
定　　价	59.00 元

前　言

最薄弱的技能影响人们能取得的工作成效。

为了在工作中取得成效，人们需要具备多种知识和技能。在工作的必备技能中，人们最薄弱的技能将影响工作成效。

例如，对于提案式销售[①]员来说，具备表现力、总结力、倾听力这3种技能是必要的。假设这3种技能水平的满分均为10分，那么一个合格销售员的这3种技能水平的分数都需要达到5分。如果某个销售员的这3种技能水平分数为表现力5分、总结力8分、倾听力3分，那么他的销售业绩会在很大程度上受到最低分数倾听力的影响，只能达到3分的水平。5分的表现力没有问题，8分的总结力相当不错，但是3分的倾听力却成了销售员的短板，导致他的销售业绩只能达到3分水平。

这是笔者根据著名教授艾利·高德拉特在热销商务书《目标》中提出的“约束理论”所做的解释。约束理论认为，如果改善系统中最薄弱的环节（即约束条件），整体就会变得强大。所谓最薄弱的环节，在上文的例子中就是指销售员的倾听力。也就是说，为了在工作中取得成效，人们需要多种技能均达到一定水平。当变化愈加巨大、项

① 提案式销售：利用提案方法进行销售，在销售过程中探寻客户的问题点，真正帮助客户解决问题。——译者注

用于理解约束条件的例子

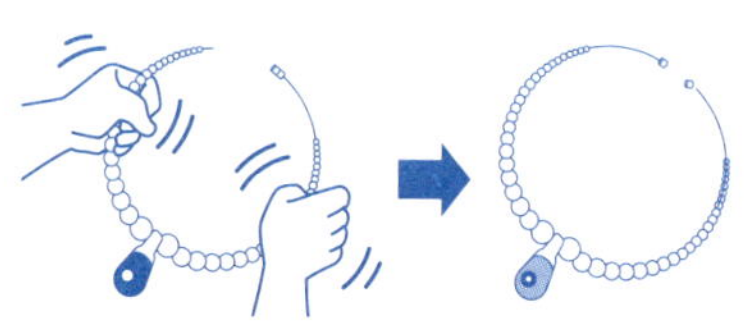

当你拉扯项链时，哪里会断？

①当你拉扯项链时，最脆弱的部分（即约束条件）会断。
②如果你加固项链最脆弱的部分后再次拉扯，那么第二脆弱的部分会断。
③依次加固项链脆弱的部分，当项链整体的承受力变得比拉力（临界值）更大时，你就拉扯不断项链。

项链的坚固度（即成效）受最脆弱部分的影响。如果项链的所有部分的承受力都比拉力（临界值）大，那么你再拉扯项链时，它就不会断。

目愈加复杂时，需要的技能也就愈加多样。

在2004年左右，笔者就萌生了这种想法："如果有一本书能集中介绍业务流程中必要的技能就好了。"于是，2004年笔者出版了《瑞可利[①]派——善于工作者的技巧》一书，书中介绍了多种能提升工作水平的技能，旨在帮助人们取得工作成效。这是笔者的第3本著作，集中了笔者当时在社会上的15年所学之精华。虽然距离这本书出版已经过去15年了，但令人欣喜的是，笔者依然能听到很多人说："这本书至今仍在发挥作用。"

这本书出版的时候，笔者只不过是瑞可利集团中某个部门的项目策划经理。之后，笔者担任瑞可利住宅信息公司的执行董事，为斯摩公司[②]的快速发展做出了贡献（在笔者担任董事的6年里，斯摩公司

① 瑞可利（RECRUIT）：日本人力资源巨头。——译者注
② 斯摩（SUUMO或SUUMO Counter）：日本房地产信息公司。——译者注

的销售额增加了30倍、店铺数量增加了12倍、员工数量增加了5倍)。笔者还担任瑞可利科技公司的董事长，致力于实现瑞可利集团的信息化，并兼任瑞可利职业研究所的副所长，对女性工作方式的改革提出了建议。另外，笔者还是日本经济产业省的委员。2017年，笔者担任旅行代理商旅工房外部董事。

从2019年起，为了在全世界推广自己的管理经验，笔者成立了中尾管理研究所，开始帮助发展意愿强烈的企业扩大规模。通过这些工作经历，笔者近距离地观察了各个行业领导者的工作方式，其中包括上市公司的经营者、行政机关的领导者、风投公司的经营者、非营利组织的领导者、社会创业家等，笔者从中受益良多。

同时，从1999年起，笔者要求自己每年读书200本以上，并且从2013年开始持续在社交平台上发布自己的读书感悟。

本书收录的技巧有2个信息来源。一是笔者重新编辑了2004年的著作中如今还适用的内容；二是新增了2004—2019年笔者从各行业领导者的工作方式中学到的技能，以及从自身经验中获得的感悟。笔者把这些内容汇编成这厚厚的一本书。

如同开篇所说，人们能取得的工作成效受必备技能中最薄弱的一项影响。学了本书的技能，会有助于你的工作成效提升。

本书将提升工作成效的75个技巧分成7章介绍，你即使只阅读自己感兴趣的章节，也能理解本书中的内容。你可以先尝试阅读自己感兴趣的内容。

目　录

第1章　利用投资回报率提高效率

第2章　通过最强框架磨炼思维

第3章 熟练运用数字进行判断

第4章 改变思考和行动的惯例

第5章 探索事物另一面，提升工作层次

第6章　掌握管理的原理原则

第7章　进一步提高水平所需的智慧和技能

第1章 利用投资回报率提高效率

人们普遍认为，在工作中掌握时间的高效利用方法是提高工作效率的关键点之一。连续获得良好工作成效的管理者都擅长时间的高效利用，与此相反，无法取得成效的人都不善此道。

此处所说的是否擅长时间的高效利用与工作投资回报率[①]（ROI）的高低有着紧密的联系。

ROI是Return on Investment 首字母的缩写，在中文中被称作投资回报率。如同Return on Investment字面意思所呈现的"回报（Return）在投资（Investment）之上"，投资回报率的计算公式可用分式表示。

即：$投资回报率=\frac{年利润}{投资总额}\times 100\%$（$ROI=\frac{Return}{Investment}\times 100\%$）。

例如，投资100日元的回报是多少？投资金额相同时，回报越大，投资回报率就越高；相反，回报越小，投资回报率就越低。

如果投资100日元而回报不满100日元，假设是90日元，那么投资回报率就是90%。也就是说投资100日元，回报90日元，损失了10日元。这样，你可以直观地了解到当投资后返还的钱变少时，人们会不愿意投资。

不仅是金钱，时间也可以采用同样的思考方式。

假设有一份通常1小时就能完成的工作：若有人在相同时间（即1小时）内可以完成2倍的工作量，其投资回报率就是200%；若有人在相同时间内只能完成一半工作量，他的投资回报率就用50%来表示。同样是支付相同时间的工资，人们当然是更想把工作交给投资回报率在100%以上的人。

上述例子可以用以下关系来表示：投资回报率越大的人，越能胜

① 投资回报率是表示年利润占投资总额的百分比的会计用语。本书从广义的角度，用以描述效果占投资（人、物、钱、时间）的百分比。

任工作。怎样才能提高投资回报率呢？因为投资回报率的计算公式是一个分式，所以提高投资回报率有三种方法：一是增加年利润；二是减少投资总额；三是两者同时变化，即增加年利润，同时减少投资总额。本章将介绍如何提高投资回报率。

本章的内容尤其适用于以下人群。

☑ 经常感到工作繁忙的人。
☑ 处于长时间工作状态的人。
☑ 虽然长时间工作但周围的人对其评价不高的人。
☑ 不明白如何排列工作优先级的人。
☑ 觉得自己部门效率低的人。

本章将介绍提高投资回报率所需的13个商务技巧。

1. 决定不做的事。
2. 根据重要程度而不是紧急程度来确定工作的优先级。
3. 遵守二八法则。
4. 不要为无法选择的事烦恼。
5. 区分自己做和依靠别人做的工作。
6. 活用待办清单。
7. 思考此项工作是否可以运用到其他地方。
8. 确认质量、成本和交付期限。
9. 活用TTPS。
10. 极大地提高会议的效率。
11. 应对交流方式的变化。
12. 选择使用瀑布式开发还是敏捷开发。
13. 如何高效在家办公（远程办公）。

商务技巧 1：决定不做的事
只确定工作优先级是无法提高效率的

眼前有许多工作你却不知道从何处下手，或是做某项工作的时候，你突然又接到别的工作，你对先做哪项工作犹豫不决，只感觉到时间流逝而工作没有任何进展。

"如果一天有48小时就好了。"
"谁能帮我确定下工作的优先级？"

你是否有过这样的想法？

但是，环顾四周时，你发现有的同事正有条不紊地处理工作。于是，你向把工作安排得井然有序的同事请教应该如何提高工作效率，得到的建议常常是"要学会确定工作的优先级"。

具体来说就是把该做的事列成清单，从优先级高的工作入手。

令人吃惊的是，大多数商务人士在处理工作时并不能确定正确的工作优先级。也许有人认为"这不可能吧"，但这就是事实。

有时人们会确定个人独特的工作优先顺序。例如，有人会以接受委托的顺序、工作的紧急程度等为标准来确定工作的优先级。这些标准在某种程度上可以用来判断工作的优先顺序，但它们是否能准确确定工作的优先级呢？

如果你是不必自己确定正确的工作优先级的项目助理，或是无法确定正确的工作优先级的职场新人，那么也许你按照接受委托的顺序依次处理工作就足够了。

但是，作为已经工作数年的商务人士，如果按照接受委托的顺序或者按照自己想到的顺序处理工作，那么这只是对工作进行了排序，并不是在根本意义上确定工作正确的优先级。

决定不做的事很重要

如果你可以确定正确的工作优先级，那么工作效率就可以有所提高。不过，仅仅这样做的话所产生的效果是有限的。当然，这比在不确定优先级的情况下的工作效率要高。笔者再强调一次，仅依靠确定工作优先级，你的工作效率是不会大幅提高的。

为什么呢?

这是因为如果只确定工作的优先级，那么排序靠后的工作最后还是要做的。也就是说，即使是对优先级靠后的工作，你也要花费本就有限的时间去做。

例如，有时会出现这种情况："今天有时间，我就把排序靠后的工作也处理了吧。"这样一来，你只是改变了所做的事和花费时间的顺序，结果和未确定工作优先级时一模一样，工作效率几乎没有提高。

那么，你应该如何做呢?答案很简单。

在确定正确工作优先级的基础上，决定不做的事，并且坚持不做那项工作，仅此而已。这样就可以把花费在不做的事上的时间挪用到其他优先级高的工作上。

但笔者说到这里，受到大多数人的质疑："这事有那么简单吗?"是的，就是这么简单。但在决定哪件事不做的时候，如果你按照自己

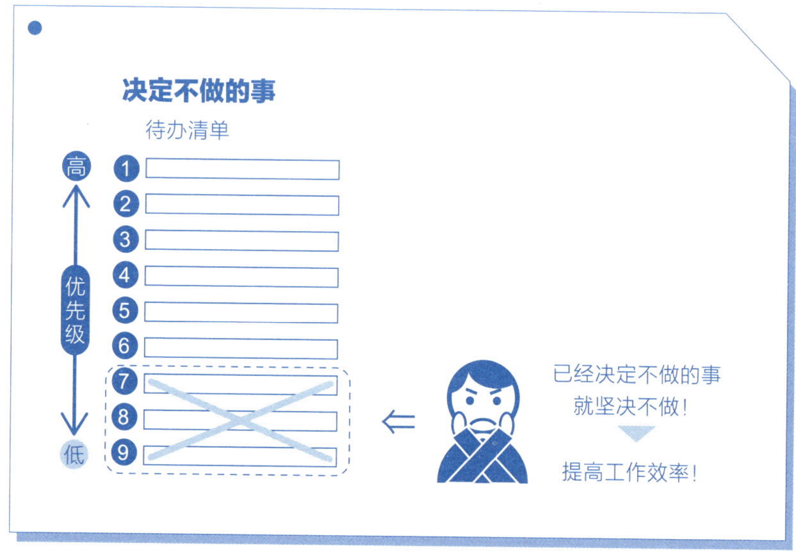

想到的优先级来确定，这就会比较麻烦。某件事明明是重要的工作，却因为你想到的优先级靠后而不去做，这就是你要在提高工作效率前解决的问题了。

人、物、钱、时间是有限的

话题回到最初。为了提高工作效率，你需要先决定不做的事，并且对于已经决定不做的事，就算有时间也坚决不做。

听到这些话，人们也许会有不同的反应。

有人会说："坚决不做也太难了。"

有件事令人吃惊，当只有自己感到空闲或者提前下班的时候，人们似乎会对身边的人产生一种愧疚感。于是，如果自己有时间，人们就会不由自主地把优先级靠后、已经决定不做的工作完成。这样一来，就和前文所说的一样，工作效率不会提高。

因此，重要的是“已经决定不做的事，就算有时间也坚决不做”。

也许还会有人指出：“原本就没有优先级靠后的事。”他们认为所有工作都是重要的。或许从某个角度来看这是正确的。当被问到工作“是做了好还是不做好”的时候，很多人的回答都是“做了更好”。

但做出这种回答的人忘记了一个重要的观点。人的时间和社会的资金都是有限的。有限的人、物、钱和时间必须集中投入到重要的工作中。这是高效利用时间的方法中最重要的一点。

当你面对下属的时候，你需要试着思考并运用这个观点。也就是说，提高你所负责公司工作效率的关键是决定下属工作中不必做的事。然后，让他把空出时间的一部分投入到下一项重要的工作中。如果能做到这一点，那么你的公司工作效率就会实现质的飞跃。

这个如果从投资回报率的角度来说明，就是分子回报值增加，分母投资值微微减少，投资回报率也就因此变高。

一些上市公司将其称为“清扫”行动。每年召开数次关于决定不做之事的会议，并根据会议规模大小将此分别命名为“扫除”“中扫除”“大扫除”。公司对不做之事的范围不设禁区，即使是过去一直沿袭至今的事也会通过考察来决定是否延续。

据说，“清扫”行动开展几年之后，某项目的首创者竟然提问：“该项目是否要取消？”并大胆地对该项目进行了重新评估。

笔者建议你和你的公司也试着定期开展“清扫”行动。

商务技巧 2：
根据重要程度而不是紧急程度来确定工作的优先级
你的“大石头”是什么

接下来笔者将介绍确定工作优先级的方法。

能完成工作却无法做到井然有序的人有一个共通点。即他们总是看起来工作繁忙。在这些人中，有人因长时间工作而取得业绩并被肯定从而成为管理者，于是他产生了必须长时间工作的连锁反应。他的成功模式就是进行长时间工作。其结果是他所管理部门的下属也常常很忙碌，部门员工长时间地工作成为常态。

他们的工作标准，也就是确定优先级的标准是什么呢？不管本人是否意识到，他们确定工作优先级的标准就是工作的紧急程度，例如，这件事必须今天做或这件事要在明天之前完成。

对于以紧急程度为标准来确定工作优先级的人来说，即使建议他们停下手上的工作来重新设定工作的优先级，也没有意义。他们的回答肯定是：“因为这项工作必须在明天之前完成，所以我无法轻易说出重新设定优先级之类的话。”

于是，这个人（或者这个公司）在下周、下个月，极端情况下甚至下一年都被工作追赶着度日，而且他们还在为自己的忙碌感到些许得意。

除非他们被公司勒令改变长时间工作的状态或者有人因为过劳而病倒，否则这种模式不会改变。

你或是你的公司情况如何呢？

其实笔者在进入公司的前几年也是这样。

除紧急程度之外，你可以用什么标准确定工作的优先级呢？

用“大石头”填满日程表

思考这个问题的有效方法是用富兰克林·柯维博士提出的“7个习惯”，它曾在日本商业界掀起一股热潮。笔者想应该有很多人听说过“7个习惯”。柯维博士说：“把工作按紧急程度和重要程度两个维度分成4类，然后把紧急程度低而重要程度高的工作优先列入日程表。”

柯维博士把这种紧急程度低而重要程度高的工作称为“大石头”，他建议人们“用大石头填满日程表”。

按照一般的思维，人们也许会想：“重要程度高的工作优先级高，这点可以理解，但是紧急程度高的工作优先级不是应该也高吗？”笔者最初也是这么想的。然而，重要程度和紧急程度都高的工作不是柯维博士所说的“大石头”。

这一点你可以通过下文的例子来理解。

考虑到全球化进程不断加快，中国正在迅速发展，想要学习英语和汉语的人应该不少。可以说现在的人们意识到了这一点，但其实早在几年前就有人产生了这种想法。

然而，就算人们有学习语言的意识，如果当前的工作中没有直接使用英语或汉语的场合，那么没有多少人会真正开始学习。其结果会怎么样呢？多年后的今天，人们的英语和汉语水平依然没有达到在商务场合中熟练使用的程度。只要这个习惯不变，明年、后年也会呈现同样的结果。

这个例子真是讽刺。

这就是柯维博士所说的“大石头”，即重要程度高而紧急程度低的工作。如果人们多年前就开始接受一周1~2次的语言课程，那么如今会怎么样呢？人们到现在肯定已经能熟练掌握英语或汉语了。

“大石头”式思考方式在商务领域之外也很有效

把“大石头”式思考方式运用在实际工作中也一样。

虽然不是今天必须做的事，但是参加学习、培训，还有建立人际关系等都是人们在提前为自己的将来做准备。针对重要客户进行关于你公司的满意度调查也是如此。

从短期来看，明天前完成必需的工作对于你来说是极其重要的。但是，只做明天之前必须完成的工作，这种不合理的工作分配方式是笔者想提醒大家应该解决的问题。

因此，培养商务技巧1中介绍的“不做已经决定不做的事”这个习惯很重要。同时，其前提是如何确定正确的工作优先级，可以参考本章中的“大石头”式思考方式。这一思考方式不仅适用于商务领域，在确定各种事物的优先级时，也是十分值得借鉴的。

因此，笔者在思考自己的日程表时会更加用心。

笔者会尽力忽视某件事的紧急程度。在日常生活中人们容易在不知不觉中养成按照紧急程度来决定做事顺序的习惯。因此，请你鼓起勇气，尝试只根据重要程度这一标准进行思考。

如果从投资回报率的角度来解释，这是一种通过获得更多回报来提高投资回报率的方法。

对笔者来说“大石头”有三种：一是通过阅读不断输入；二是经常去健身房以保持健康的体魄；三是花时间维系和家人、朋友的感情。

你的"大石头"是什么呢?

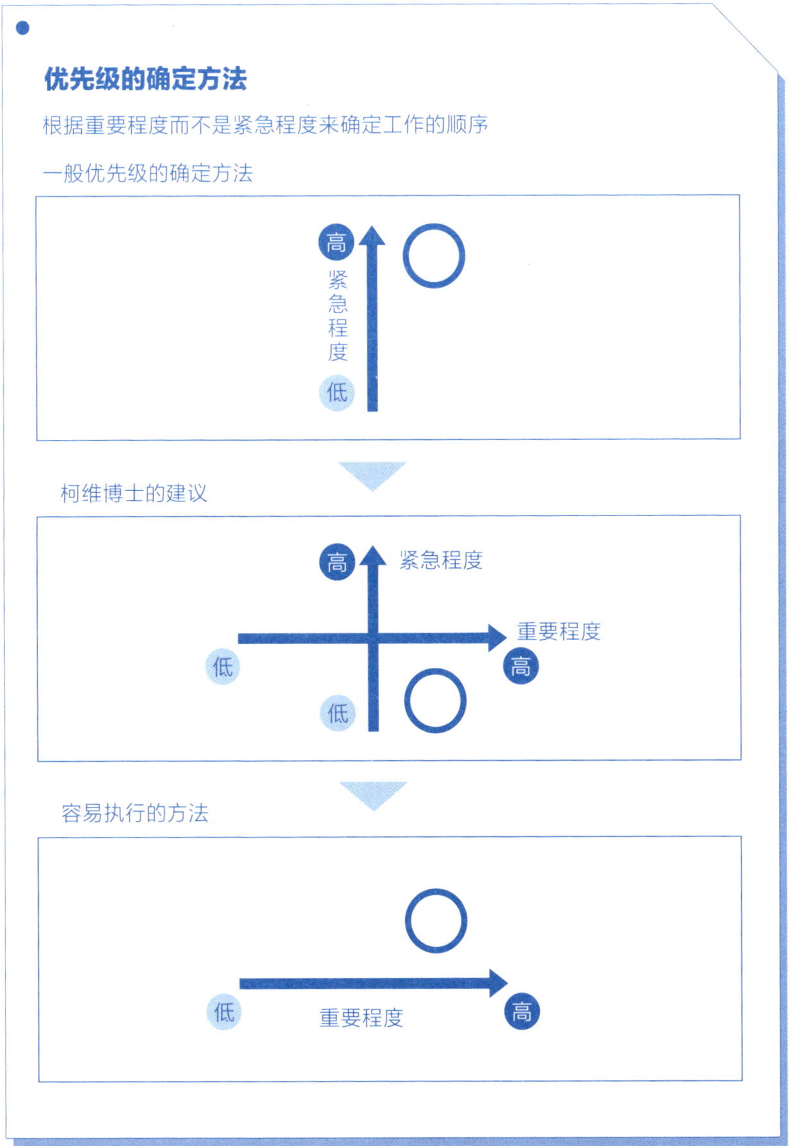
优先级的确定方法
根据重要程度而不是紧急程度来确定工作的顺序
一般优先级的确定方法
高
紧急程度
低
柯维博士的建议
高
紧急程度
重要程度
低
高
低
容易执行的方法
低
重要程度
高

商务技巧 3：遵守二八法则

使工作效率提高5倍的惊人方法

本节将介绍使工作效率迅速提高（大概有5倍）的方法。

这就是二八法则（帕累托法则）的应用。

也许有很多人听说过二八法则，在这里笔者再简单地对它进行解释。

在工作完成率和时间消耗率的关系中存在着一种规律，其内容是：完成某项工作的80%时，所花费的时间只占最终消耗时间的20%。

例如，假设完成某项工作共需要10小时，然而实际上完成该工作的80%时所花费的时间是全部时间（10小时）的20%，即2小时。

这就给予了人们大幅提高工作效率方法的启示。

如果你能确定工作只需要达到80%的效果，那就可以把剩下的8小时运用到其他工作中。

之前花费10小时的工作如今只需要2小时完成。

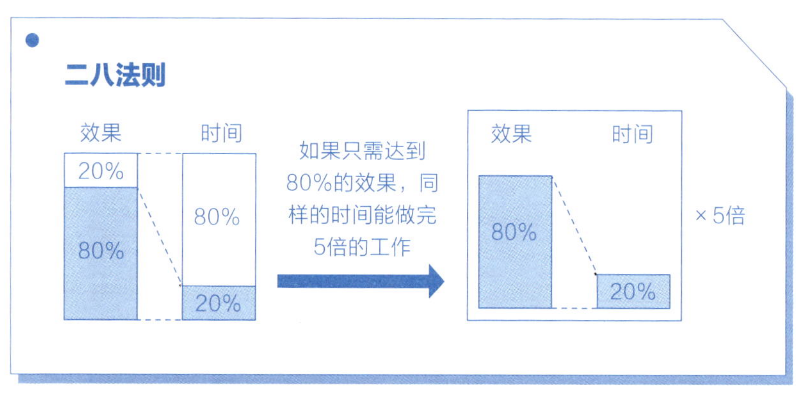

这么算的话，在10小时内相同程度的工作就可以做完5项（10小时÷2小时=5）。

你用80%的时间在做什么

听到了以上方法后，人们的反应一般分为2种，即赞同派和反对派。

赞同派的工作效率会提高5倍，而反对派则认为"工作就是要追求100%的效果"，因此他们的工作效率没有任何改变。

如果你是反对派，请想象以下工作。具体情况是：交给客户的资料在你制作完毕后，需要提前给上司审查。

你完成工作的80%（消耗时间的20%）后，在剩下的20%（消耗时间的80%）中，你都做什么了？

实际上，你不就是调整了资料中的字号、添加了修饰（加粗或下划线）、增加了颜色、设置了动画效果、改变了背景颜色吗？笔者不否认，现实中向客户介绍的时候这种加工有时是有效的。

但是，在交给上司审查的阶段，即使给他看的资料加工得再精心，也会有不少内容本身需要修改，在极端的情况下，甚至会被全部否定。这样一来，你在加工上花费的时间全都白费了。

那该怎么做呢？

使用二八法则让效率提高5倍

答案就是在完成工作的80%阶段（消耗时间的20%）时就与上司确认资料的情况。具体来说，你只需在对资料进行加工之前，养成向上司确认资料大致框架和内容的习惯。经过上司审查，确认内容没有问题后，在必要时你可以把资料调整成客户更易理解的形式。这是非常简单的方法。但只要意识到这一点，你的工作效率就会提高5倍。

如果你是管理者，当想要提高公司效率时，就可以运用这种思维方式。你可以要求下属在资料完成80%的阶段（消耗时间的20%），留出时间让你确认。如此一来，你的公司效率就会提高5倍。

笔者从销售岗调至企划岗的时候，就有切身感受。当时，笔者所在的公司，人员数量比业务量少得多，所以总觉得工作量有点超负荷。于是，笔者就和员工一起分享了二八法则的思考方式，并对他们提出了以下要求："在加工前，向我提交资料的草稿，特殊情况下可以展示手写稿、Excel表格、笔记等。"结果，员工的工作效率有了极大的提高。

然而，要执行该要求需要具备两个条件。

一是日程。笔者决定公开个人日程表，便于安排员工向自己汇报、与自己联络和讨论的会议日程。关于这一点，只要做出决定，就很容易执行。同时，上司还要树立员工的工作先于自身工作的意识。

一般来说，上司比员工承担着更重要的工作。但是，如果上司以员工的工作为先，就能使员工的能力增强，使公司的综合实力提升。为了提高员工的工作能力，上司还需要先对他们的工作进行点评或提出相关建议。

二是上司自身要具有即使在资料只完成80%的状态下也能对工作做出准确判断的能力。你也许会觉得听起来很困难，但真正尝试之后就会发现这其实很简单。请你一定要尝试！

商务技巧 4：不要为无法选择的事烦恼
从坂本龙马的逸闻中学习工作方法

这个技巧是笔者从明治维新的主角坂本龙马的逸闻中学到的。据说坂本龙马年轻的时候，总是幻想着“天上说不定会有大石头落下来”，而且每天都为之烦恼。

但是有一天，他意识到“因不知是否会落下的石头而畏惧，这样的生活很愚蠢”，于是便不再烦恼。

这虽是逸闻，但后来当其他剑客看到以剑豪著称的坂本龙马的背影时，都说他身体非常紧绷，人们认为这是他过去总想着石头可能会落下来而造成的。

人们在日常工作中，也会有不少时间为“天上可能会落下大石头”而烦恼。解决这个问题很简单，就像坂本龙马一样，只要停止烦恼，工作效率就会迅速提高。

因选择而烦恼的固定模式

接下来谈谈具体内容吧。你在做某项工作的时候，经过研讨，最终剩下了3个选择。为了更方便理解，笔者将其分别命名为A方案、B方案、C方案。

A方案的效果虽然可以达到预期，但是预算和交付期限不符合要求。B方案也不能满足交付期限的要求。虽然你已经和对方就预算和交付期限进行了交涉，但并未获得对方的让步。

“预算”“交付期限”“质量”是工作的必要条件，所以A方案和B方案都不能选。也就是说，你的选择只有C方案。

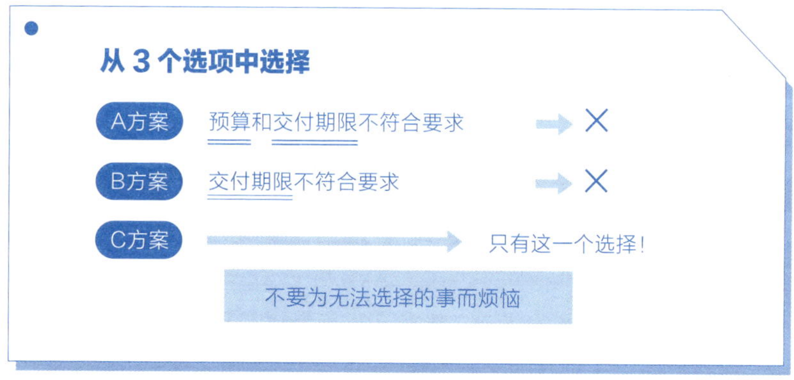

可是，想到这里，你就开始烦恼和不安。你的烦恼是什么呢？其要点如下：

①没有其他好的方案吗？

②真的可以用C方案吗？

你的性格越较真，就越会为这2个问题烦恼。但这本来是在之前寻找选择方案的阶段就应该考虑的问题。

也就是说，你烦恼的时机不对。有没有其他好的方案，这不是现在决定选择方案阶段考虑的事，而是在之前寻找选择方案时就该考虑的事。如果在那个阶段就已经仔细思考过了，那么现在也不可能再找出其他突破性的选择。

在没有其他选择的情况下，烦恼C方案是否可行，直言不讳地说你就是在浪费时间。也就是说，它成了降低工作效率的行为。

只有正确理解目的才能做出恰当的选择

不过，你还缺乏作为商务人士的经验，在考虑选项时有所遗漏是正常的。

实际上，当笔者自己还是员工的时候，也经常为此烦恼，事后回想起来，才发现浪费了时间。具体来说，以上述场景为例，当历经种种烦恼、耗费大量时间之后，你终于去向上司报告说："C方案最合适。"谁知，上司却说："不，D方案才是最合适的。"也就是说，选项不在A、B、C方案中，而属于其他选择。

令人懊恼的是，你在仔细研究后发现，确实是D方案最合适。你和上司之间存在的经验和信息差异，导致你没有做出最恰当的选择。

准确来说，出现这种情况的原因在于你自己没有理解工作的根本目的。也就是说，你只研究了作为方法的手段。关于目的和手段的关系，笔者在商务技巧 71中将会详细说明，你可以参考。

接下来回到正题。

笔者再强调一遍，在正确理解工作目的的基础上，达成目的的手段只有A、B、C这3种方案，而且除了C方案，其他方案都不满足全部条件，那么你就不必再烦恼了。否则，就是对时间的浪费。因为你没有选择，只能实行C方案。

当然，笔者也理解你即便如此仍然会不由自主烦恼的心情。这种情况下，你不要一个人烦恼，请试着找有远见卓识的人请教。例如，上述的D方案，你一个人是无法轻易找到的。想想这些案例可以向谁请教，然后试着找他咨询。请不要烦恼无法解决的事情，而要尝试采取行动。你仅依靠这一点就能提高工作效率。

如果从投资回报率的角度解释，通过不浪费时间来减少投资，或者通过向人咨询请教来增加回报，最终提高投资回报率。

商务技巧 5：区分自己做和依靠别人做的工作

能胜任工作的人善于委托别人工作

在商务领域里，几乎没有人能像超人一样什么都能自己一个人做。但是，你如果仔细观察工作高效、成就斐然的人工作，就会明白其实并不是他一个人在做。他是通过有效委托周围人工作来提高工作效率，最终取得成就的。

此处并不是教你把工作全部推给别人，而是要试着思考通过把一部分工作委托给别人来提高工作效率的方法。

举个具体例子，下面列出的是将交给客户的报告给上司审批的步骤和所需时间。

①思考材料的提纲（2小时）。

②与上司确认提纲（30分钟）。

③收集必要的相关材料（1小时）。

④以材料为基础，充实提纲内容（1小时）。

⑤讨论是否需要修改方向（30分钟）。

⑥制作材料（2小时）。

⑦制作中途与向上司进行确认（30分钟）。

⑧完成报告（2小时）。

⑨与上司做最后确认（30分钟）。

这些由一个人实施的时候，顺序当然是①→②→③→④→⑤→⑥→⑦→⑧→⑨。工作的推进方式是串联的，所以所需的时间只要单纯相加即可，为10小时。

接下来，试着在这份工作中寻找可以委托给别人的部分。至少③⑥⑧是容易成功的，共计5小时的工作量。你如果能把它们委托给别人，实现工作并行，就可以缩短时间。即使不能缩短时间，在把工作委托给别人的时间里，你也能做别的工作。也就是说工作效率会提高。

委托别人工作时的诀窍

下文笔者将再次对委托工作的具体顺序进行阐述。

先把工作分解成几步，接着把它们划分成“A是自己要做的工作”“B是可以委托给其他人、其他公司的工作”。然后，整理步骤间的因果关系，在委托方式和时机上下功夫，使不同步骤得以同时进行。你如果在考虑整体流程的基础上对步骤进行相应调整，就能够大幅缩短工作时间，或者拥有自己的时间。

道理和实际操作都很简单。因此，你只要能提前树立这种意识，就能轻松提高工作效率。只是，笔者很清楚在委托别人工作的时候，一般会出现两种极端的人：一种人是非常擅长委托别人工作，另一种人却无法轻松地做到委托别人工作。笔者是第二种。

即使是现在，笔者也非常不擅长委托别人工作，刚进公司的那几年情况更是惨烈。进入公司第3年，笔者从关西营业部调到神奈川营业部，那时因为委托别人工作时态度傲慢，被总务人员和销售助理直接状告到上司处，他们表示“讨厌和中尾先生一起工作”。当时的上司是个对工作很严格的人，笔者的本意只是想模仿上司的工作方式，但笔者越解释，就越是火上浇油。而且，即使辩解也无法解决笔者的任何问题。

笔者也觉得这种情况很糟糕，于是，笔者试着仔细分析了某位前辈委托别人工作的方法。他与笔者完全不同，笔者常能听到别人说

“想和他一起工作，他擅长委托别人工作”。

笔者和前辈有两个区别。其一是委托别人工作的方法，其二是工作结束后，是否与他人共享工作结果或成果。

也就是说，那位前辈委托别人工作的方式是：考虑到被委托方工作较为繁忙，他会将具体的工作内容以及工作的背景、意义和目的告知对方。而笔者则是以一种“为我工作是理所当然的”态度，在没有考虑对方的情况下就进行委托。而且，那位前辈还和协作的相关人员共享了工作结果。然而，当时的笔者是做不到的。

能不能做到这两点，决定了你的合作伙伴数量能否大幅增加。

“如果是受那人所托，我就能心情舒畅地工作。”

“不知为何，同样的工作，如果被那个人拜托，我就不想努力去做。”

人是有感情的生物，被委托者有怎样的心情你是无法控制的。如果能在公司内外增加合作伙伴，那么你的工作效果会有飞跃般地提升。

如果从投资回报率的角度解释，就是减少自己的投资。而且，如果你能把工作委托给更合适的人，那么回报也会增加。

商务技巧6：活用待办清单
把握处理工作的速度是关键

商务技巧1中确定工作优先级的一览表被称为待办清单。在这里，笔者将对该列表稍作修改，来介绍提高工作效率的方法。

①列出应该做的工作（制作待办清单）。

②确定工作的优先级。

③检查工作有无缺漏。

④决定不做的工作。

以上是对提高工作效率有效的方法。笔者将对此稍作调整。

笔者在此基础上追加以下2个步骤。

⑤事先预测所需时间，填写在列表的各项目中。

⑥工作结束后，填写实际消耗时间。

关于⑤中的所需时间，一般情况下填写交付期限的较多，但要在交付期限的基础上添加预测时间。预测时间一般指预测工时。

为什么要追加这2个步骤呢?

目的是把握你的工作处理速度。

通过持续制作这种待办清单，可以构建数据库，估算出完成某项工作的所需时间。

你只要添加2个如此简单的步骤，就能掌握自己单位时间内的工作处理量（即工作效率）。

为了把握工作速度，要利用待办清单

今天要做的事	计划	实际
□制作明天的会议资料	2小时	3小时
□敲定与A公司的会面——制作资料	0.5小时	0.5小时
□与××先生约定会议——制作资料	0.5小时	1小时
□与××先生约定会议		
□拟订××会议内容方案	1.5小时	2小时
□出差报销	0.5小时	第二天
□交通费报销	0.5小时	第二天

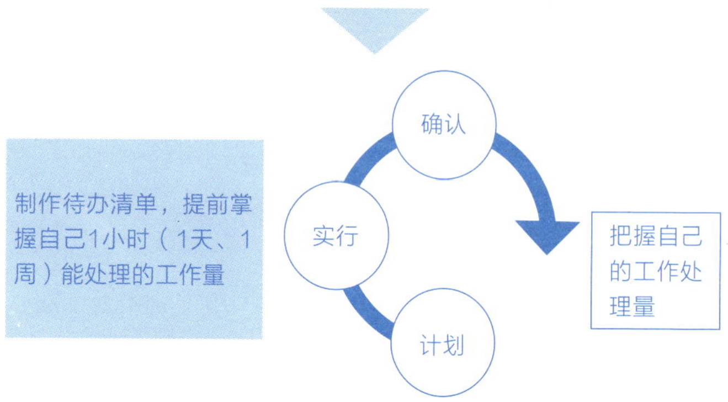

制作待办清单，提前掌握自己1小时（1天、1周）能处理的工作量

确认
实行
计划

把握自己的工作处理量

估算整体工作速度的方法

持续把握自己的工作处理速度有什么好处呢?

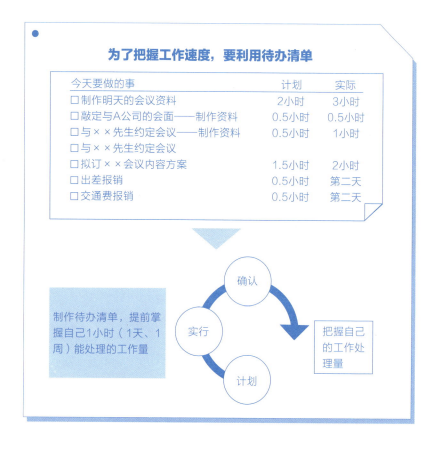

一是当你在做同样的工作时，能获得处理速度提升的成就感。无论面对什么，人若能获得成就感，就会有强烈的工作欲望。这一点非常重要。

二是在处理所需时间较长的工作或是遇到商务技巧5中介绍的

“委托别人工作”的情况时，能制订正确的计划。

也就是说，以你的工作处理速度为基准，可以估算被委托方的工作速度。例如，“对于某项工作，我自己处理大概需要10小时。而受我委托的A先生，由于是第一次做这项工作，因此需加上50%的误差率，预计需要15小时才能完成工作”。

另外，“因为我是第一次与A先生合作，所以要在第一天结束的时候确认进展情况，必要时再调整日程和委托量”。这一点也可以通过把握工作速度来实现。

通过正确估计工作的整体交付期限，让管理能力提高。这就是项目管理的基础。如果你被委派某个项目，该方法会发挥巨大作用。曾委托给A先生的工作，也会留下完成工作预测的所需时间和实际数值，并以此为参考，可以估算出更准确的交付期限。

在商务领域，若不遵守交付期限，该工作就会失去价值，类似的例子不在少数。如夏天的炉、冬天的扇一样，过时的事物就会失去意义。你若错过了重要客户的提案日期，即使想出了再绝妙的企划案，也为时已晚、无力回天了。

为了防止这种情况发生，你就要事先把握自己工作的处理速度，如果在与别人协作时也能制订正确的计划，那么你的工作效率就会提高。

商务技巧 7：
思考此项工作是否可以运用到其他地方
增加回报值，提高工作效率

一直以来，人们都把“有效利用时间”作为提高工作效率的方法。在这本书中，笔者试着考虑通过“把工作运用到其他地方”的办法来提高工作效率。

借用前文中投资回报率的计算公式，工作效率可以用“成果（成品）÷消耗时间”这个公式来计算。其中的投资就是指时间和金钱等。因此，为了提高工作效率有以下3种方法。

① 增加成果（成品）。

② 减少消耗时间。

③ ①②同时进行。

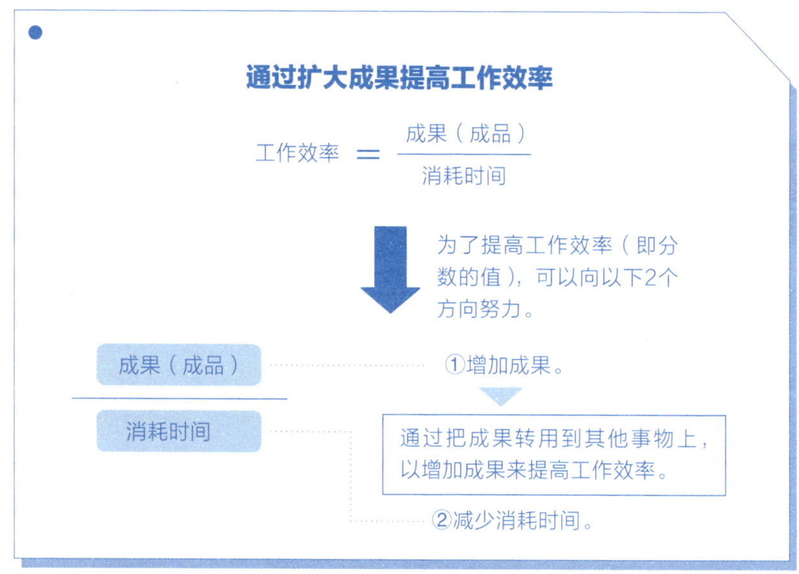

通过扩大成果提高工作效率
工作效率 ＝ 成果（成品）/消耗时间
为了提高工作效率（即分数的值），可以向以下2个方向努力。
成果（成品）
消耗时间
①增加成果。
通过把成果转用到其他事物上，以增加成果来提高工作效率。
②减少消耗时间。

简单地说，如果能增加成果（成品），即使稍微消耗一点时间，工作效率也会增加。

增加成果提高投资回报率的方法

笔者想用一个例子来说明。

有位客户要求你调查“关于××的现状”，你估计完成该工作大概需要1小时。于是，你花费1小时，把资料提交给委托的客户。因为内容恰当、完成时间快，所以他非常满意。至此，这项工作就完成了。以上就是常有的工作情景。

然而此时，请你回忆工作效率的计算公式，试着这样思考：“如果将这些资料稍微加工后提供给其他客户，是否也能让他们感到满意？”

例如，如果再花0.5小时加工资料，就可以同时向3家公司提供资料，其中也包括委托你制作资料的公司。那么工作效率会如何变化呢?

最初的工作效率是制作1家公司的资料共花费1小时，所以1家公司÷1小时=1家公司/小时。向3家公司提供资料时，分子为3，分母增加0.5，所以3家公司÷（1小时+0.5小时）=2家公司/小时。于是，与最初的工作效率1相比，即使在1小时上加了0.5小时的加工时间，分子变成3，那么投资回报率=2，也是当初的2倍。而且，在向最初那家公司以外的2家公司提供资料时，你可以说：“考虑到贵公司的需要，我尝试制作了这样的资料。”

这点非常重要。从客户的角度来看，如果你是常常为他们考虑的销售员，那么客户对你或你的公司的评价也会因此提高，其结果就是给你的公司带来交易规模扩大的契机。

笔者在做销售员的时候，经常在工作中思考如何提高投资回报率。例如，横滨市中区有家公司委托笔者制作资料，它是日立旗下的软件公司，员工规模为3000人（笔者负责的区域是横滨市，市内有很多日立关联公司）。

那时，笔者开始思考是否能从4个切入点将资料转用到其他地方。这4个切入点是指该客户的“规模”“地域”“行业”和“关联性”。在该案例中笔者进行了联想：“在我负责的公司中，是否有员工规模同样在3000人左右并需要这份资料的公司？”

当时笔者在人才招聘部门帮忙。同行业或是同等规模的公司对于人才的烦恼大多相同。于是，笔者联想到总部同样位于横滨市中区的公司是否同样需要这份资料。那些规模稍小、位于工业园区的公司，因为位置相同、面临的课题也相同，所以很多时候资料都可以转用。同样地，笔者也在思考“资料能否转用在软件公司这一相同行业或其他与电机制造商相关联的公司中”。

虽然笔者当时负责的公司有50~100家，但如果按这种想法把资料转用到其他公司，那么大多数情况下都可以实现1份资料同时提供给5家以上的公司。

如果这种工作方式得以延续，就会给笔者公司和客户公司的交易关系带来积极影响。笔者自己也能因此实现销售额的持续增长。

按这种方式，当打算采取行动的时候，你可以试着考虑已有的成果是否可以转用到其他地方，如果能保持这个工作方式，你就能有效提高工作效率。如果你从事接触外部客户的工作（例如销售、促销、商品开发等），像笔者一样按照几个维度事先给客户分组，就会方便许多。

笔者建议你一定要试试。

商务技巧 8：确认质量、成本和交付期限

产出的理想模型、成本和交付期限

下面，笔者来说明在提高工作效率时较为容易忘记的要点。即你事先要和委托者协调工作目标。上文提到，工作效率为“成果（成品）÷消耗时间”，而成果原本是从以下3方面来定义的。

①Q=质量（Quality：产出的理想模型）。

②C=成本（Cost：资源，如人、物、金钱）。

③D=交付期限（Delivery：时间）。

也就是说，关于这3点，需要事先和委托者进行协调。例如，如果对于质量优先的工作，由于成本削减，无法达到工作委托者的质量要求，那么委托者就会感到不满。

或者，针对以交付期限为先的工作，例如，对用于重要会议的演示资料，委托者会自以为是地对质量吹毛求疵，或者对成本过度削减，导致制作方未能遵守交付期限，结果委托者在资料未完成的状态下出席了会议。若遇到这种事，会发生什么呢?

委托者肯定会对此不满。

但是，这样的事却常常发生。其原因在于开始工作前，没有向委托者确认质量、成本和交付期限的优先顺序。

笔者也曾被项目管理培训班的讲师指出过这个问题，但当时笔者却反驳说：“我没有那种问题。”因为笔者觉得自己已经做得很好了。

那时，讲师给笔者介绍了下面的案例。

也请你思考是否适用于自身。

忘记确认交付期限的悲剧

某个星期三下午，A先生接受了大客户B先生的委托："请尽快制作有关××的资料交给我。"于是，A先生搁置了其他事务，埋头于这项工作，在两天后的星期五下午提交了完备的资料。

但是B先生却不怎么高兴。

A先生不知道B先生为什么不高兴。B先生也有可能代表的不是客户，而是你的上司。你有过这样的经历吗?

这是哪里出了问题?

实际上B先生是想在星期五上午的会议上使用委托给A先生的资料。由于直到星期四A先生也没答复，所以B先生自己制作了其他资料参加了会议。在A先生提交资料的星期五下午，会议已经结束了，好不容易制作的资料没能用在会议上。

也就是说A先生接受B先生工作委托的时候，没有确认交付期限，所以才会发生这样的悲剧。接受委托时，如果A先生确认了交付期限，就会降低质量的优先级，以交付期限为先，或者可以提出由B先生承担外聘专家成本费用的提案。

笔者回想起自己以前也曾有不向客户和上司确认交付期限的经历。笔者在瑞可利集团时曾向上司确认过交付期限，结果上司说："你认为什么时候能完成呢？"被所谓的飞镖效应[①]反弹了回来。问了最终却是自找麻烦，这种例子很多。因此，笔者有时会故意不向上司确认交付期限，选择完成后再报告。

① 飞镖效应：指在社会心理学中，行为举措产生的结果与预期目标完全相反的一种现象。——译者注

如果这样做，你对交付期限的管理会不知不觉变宽松，整体日程也容易推迟。

而且日程推迟，就要承受必须交出更高质量产品的无形压力，进而又导致交付期限再次延迟，产生恶性循环。

因此，你在工作的时候请养成向委托者确认质量、成本和交付期限的习惯。“哪种品质”的东西“花多少钱”“什么时候完成”？然后确定质量、成本和交付期限中重要因素的先后顺序。

如果你能做到这一点，你的工作效率就会大幅提高。

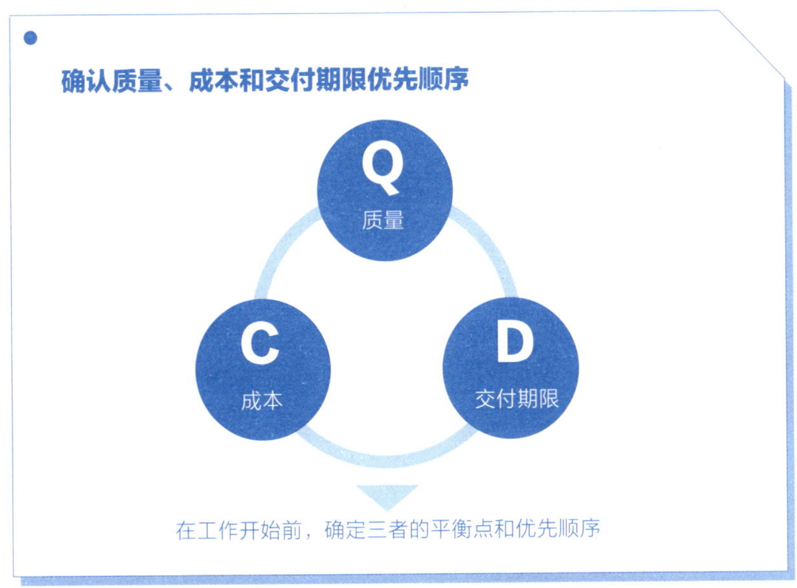

商务技巧 9：活用 TTPS[①]

完全照搬后进行改造

这是笔者从在瑞可利集团工作时期所负责的公司运营中学到的知识。该公司在全日本都开设了店铺，其目标是不管客户到哪家分店，或者由谁来接待客人，都能给客户提供一般水准以上的服务。

“全日本同一服务标准化”这个口号喊得容易，但实践起来却很难。公司为了能提供全日本统一的高水准服务，是需要某种诀窍的。这个诀窍就是，公司内部建立一种机制，当某地区的接待人员创造出让某位客户满意度较高的工具或接客方式后，再推动其他地区和店铺的接待人员开展学习实践。

用以前流行的话来说就是向公司内引进“知识管理”结构的理念。TTP[②]就是为了实现这种知识管理理念的做法。所谓知识管理，是指从他人，而且是从出色表现者（业绩突出者）的行动中学习。

据说“学习”这个词，原本就来自“模仿[③]”。也就是说，学习就是对出色表现者的模仿。

但是，在实际的商务场合，如果要求别人模仿出色表现者，那么被要求者会在不知不觉中流露出拒绝的态度。表示拒绝的理由是自己与别人不同、想要保持个性，或是不想模仿被指定的出色表现者，而是想从自己身边、容易询问的人开始，只学习自己能轻易模仿的人的行为。

---

① TTPS：取自日文短句“徹底的にパクって進化させる”的罗马读音“Tettei Tekini Pakutte Sinkasaseru”中的首字母，意思是完全照搬后进行改造。——译者注

② TTP：取自日文短句“徹底的にパクって”的罗马读音“Tettei Tekini Pakutte”中的首字母，意思是完全照搬。——译者注

③ 日语中“模仿（mane）”的读音和“学习（manabu）”的读音相近。——译者注

于是，TTP这个词就出现了。

笔者所在的集团是一个大家都喜欢玩文字游戏、非常热衷把词句省略的集团。“初学者和年轻人，请对前辈和出色表现者的工作做到TTP！”这句话是这么使用的。然后，过了一段时间，后辈们又听到了这样的建议：“差不多可以试着TTPS了。”

TTP =“完全照搬”。

TTPS =“完全照搬后进行改造”。

如果把它展开成语句，字面意思是照搬，比模仿更显低级。但是，如果用TTP、TTPS来表达的话，总觉得语感和读音更显得有水平。对于年轻员工来说，在写日报、与同事们日常交流的时候，觉得这两个词语感不错，又是缩略语，于是使用的人变得越来越多。这样一来，他们心理上的拒绝感瞬间就减弱了。

营造使TTP正常运转的环境

TTP中“完全”的部分很重要。TTP不是简单地学习“容易模仿的部分”，而是要完全模仿出色表现者的行为方式。

在体育运动中，学习出色表现者的做法是值得人们称赞的。然而，在工作场合，学习基础知识的重要性常常被人们忽视。

于是，笔者在自己负责的公司中做了一些改变。具体来说，笔者在鼓励员工使用TTP、TTPS这两个词的基础上，对全日本出色表现者的工作进行了肯定，并对他们在工作中实现TTP的行为进行了赞赏。

并且，笔者还在使用TTP的员工中建立了反馈机制。详细来说，就是让他们在完成工作后反馈“我完全照搬了××先生的工作方法，得到了客户的认可”。这样一来，还能表现对TTP技术提供者的尊重，类似于社交软件中的点赞。

笔者在演讲等场合中提及过公司当时的这种结构，之后TTP和TTPS就被应用于其他各类公司中了。

商务技巧10：极大提高会议的效率

引入事前审议机制来改变会议

介绍会议效率提高方法和技巧的各类书有很多。

其基本要点有“把单位时间从1小时缩短到30分钟或15分钟”“限定参加者”等。通过缩短会议时间或减少参加者达到工作效率计算公式中消耗时间减少的效果。

其他要点有“制订日程”“制订时间表”“议题分类（如分为决议、讨论、报告、发布）”等。并且，还提出事先把这些信息和资料共享给会议参加者是非常有用的。

另外，完备资料本身也十分有效。例如，尽量减少页数，或是通过制作“摘要”缩短参会者对资料的阅读和理解时间。参会者如果能在会议前理解议题的分类，并提前通读资料，那么会议就能更有效地开展。此举缩短了会议中耗时最长的“资料说明”和“内容理解”环节，可以将时间运用到更重要的“意见交换”和“讨论”环节。

即使只执行上述几点，也能达到消耗时间减少，工作效率提高的效果。

引入事前审议机制，会议会如何变化

除上文所述之外，还有一种提高会议效率的方法。

如果参加者能事先向起草者提出对各类议题存在的意见，并表明疑问、赞成或反对等态度，那么会议当天的投资回报率会进一步提高。这种机制叫作“事前审议”。

因为会议开始前就知道参加者的意见，那么起草者就能事先针对其提出的意见和疑问做好准备。而全员赞成的议题只要在会议中再一次确认就可以了。这样，会议效率会大幅度提高。

从2004年起，笔者一直在下属公司中引入事前审议的机制。在瑞可利集团下属的几个公司也实行了TTP。

为了验证该机制是否只适合在瑞可利集团实行，弗瑞基81株式会社（Fringe 81，日本一家互联网广告技术开发商）的松岛稔首席运营官也试着将该机制引入了其主持的经营会议中。该机制执行的工具是由One team公司（日本一家交流系统企划公司）的佐佐木阳首席执行官提供的，他在该公司的应用程序One team中追加开发了“事前审议”系统。在事前审议的基础上引入One team，大大提升了会议的效果。

使用“One team”应用程序，人们能知道谁在什么时间进行了事前审议。通过这种应用程序的设计，人们可以知道谁在会议当天改变了自己意见（在某种意义上，可以看出哪些人是能在讨论中转变态度的、灵活的人），也能从中明确获取提出意见的人数以及表示赞成和反对的人数比例。最终，谁和谁的意见相似，谁在积极地引导着讨论，都能看得一清二楚。

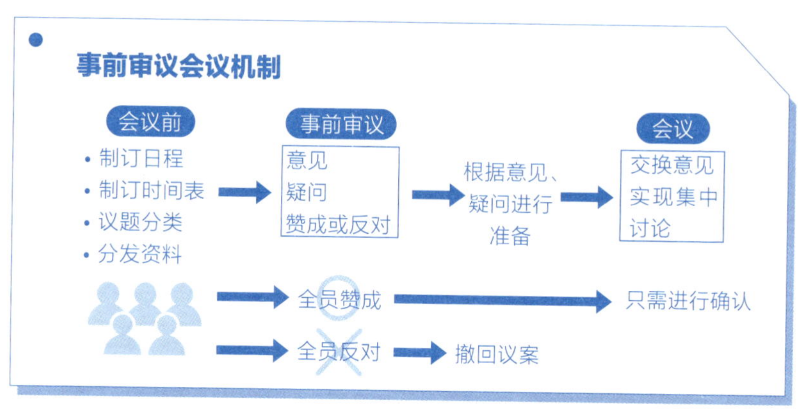

通过事前审议机制，选举下一届的管理者

令人惊讶的是，参考这些会议数据可以进行下一届管理者的选拔。也就是说，通过分析会议前后的相关数据，甚至可以选定下一届管理人才。

这就是投资回报率中的回报增加所带来的效果，令人十分惊喜。

日本企业从前就开始针对新录用的人才开展长期选拔，以确定管理者人选。他们根据人才在各种场合的行为和所得成果来挑选管理者。

但是，随着全球化的发展，非日本企业的并购也在不断推进。当日本市场的销售额占比较大，且增长幅度大的时候，用以前的方法选拔管理者是十分适用的。但是，当日本以外的市场成为更重要的领域时，只有日本人才能当管理者的可能性就会降低。这时，日本企业必须引入新的选拔方法。

通过会议状况的可视化，能给选拔管理者的公司提供更详细的信息。如果能得到选拔新一届管理者的参考信息，投资回报率的回报就会变得非常高。

商务技巧 11：应对交流方式的变化

灵活应对技术进步也是重要的商务技巧

这几年公司内外的交流方式有了很大的变化。

在公司刚开始使用电子邮件的时候，曾有公司要求员工遵守现在看来像是笑话一般的特定规则：在发完电子邮件后要用电话与收件人跟进确认。

抑或，曾有某销售部门负责人把自己从没打开过笔记本电脑的事当作英雄事迹大肆宣扬。“从不打开笔记本电脑”也就意味着他要求员工不用电子邮件联系，而是通过打电话或直接来现场说明情况。

还有这样一个事例。员工在给某事业部负责人发电子邮件的时候，如果不抄送秘书就无法传达信息。据说是因为秘书会先对必要的电子邮件进行筛选后，每天早上打印出来递交给负责人。

这些事例都完全忽视了电子邮件的即时性。

经团联[①]董事长的电子邮件指示登上新闻

2018年10月，当笔者一边回忆往事一边写这本书的时候，读到了一篇具有冲击力的报道。这是一则关于“经团联董事长在办公室里装上电脑，给下属发电子邮件指示”的报道。

粗略地看，笔者并不明白这件事为何会被登上报纸。为什么特意把此事写成报道？原来这是因为对经团联的员工来说，从来没有收到过来自董事长的电子邮件指示。“我们也必须对纸文化做一些改变

① 在本书中，经团联是日本经济团体联合会的简称。——译者注

了”，报纸上刊登的是经团联的这种志向。

这真是巨大冲击。

经团联的董事长是电机制造专业出身，不难想象他在制造公司时也用电子邮件发出过指示。但更令人吃惊的是，经团联至今还盛行纸文化这一点。

杰夫·贝佐斯亲自浏览客户投诉的电子邮件

下面，笔者也来介绍一个灵活使用电子邮件的成功案例吧。

该案例与亚马逊公司的创始人杰夫·贝佐斯有关。据说贝佐斯刚开始创业的时候，有一段时间亲自待在呼叫中心的电子邮件投诉窗口前。

贝佐斯读完投诉内容后，在电子邮件中写上“请处理”，然后转发给能处理该投诉的相关部门领导。对相关部门领导来说，这是贝佐斯的直接指示，他们不得不以最快的速度处理。

由此，不仅投诉处理速度不断提升，而且还能持续打磨出令客户满意的服务。

这真是绝妙的制度。在像亚马逊一样成长速度惊人的公司中，有很多创业者都像贝佐斯一样亲自应对客户。正是在客户的投诉中，隐藏着许多客户需求和商业启示。

电话现已成为落后于时代的联络工具了吗？

在电子邮件成为交流的主要方式之前，电话和访问是人与人交流的主要方式。但是，现在，电话正在迅速从交流方式的中心脱离。不仅如此，人们以对待“老古板”的态度来应对来电者的例子也随处可见。

实际上在信息技术领域的一些初创公司中，也有这样的观点："来电者即剥夺对方时间者，我不想和那种低效的人一起工作。"而且，赞同此观点的人数在不断增加。

从接听者的角度考虑，电话是非常麻烦的交流方式。虽然来电者确有要事，但是他没有考虑对方的情况，惹人厌烦。同样是工作的交流方式，使用电子邮件会更好，因为电子邮件可以让对方在自己方便的时候阅读。

增加即时性和多样性——交流工具的进化

即使便利如电子邮件，也会逐渐脱离交流方式的中心。

写电子邮件，需要写标题，电子邮件正文和开头还要使用固定句式，这些在交流中是不需要的。人们需要更直率、更快速、更直接的交流方式。

因此，斯莱克（Slack）和信使（Messenger）等应用软件逐渐成为交流方式的主角。笔者在换工作之后，曾对新公司内部全部用斯莱克交流的行为感到吃惊。

因为涉及系统开发，所以技术人员使用JIRA[①]进行任务管理，用Confluence[②]进行文档管理。但是，全公司的基础交流则是使用斯莱克。而且，特定团队之间的直接交流是被禁止的，公司通过完全公开的频道实行交流的彻底开放。

结果虽然导致了大量的信息流动，但所有信息都向员工开放，实

① JIRA：一种项目与事务跟踪工具。——译者注

② Confluence：一种企业知识管理与协同软件。——译者注

现了交流的极度透明。

虽然公司员工与外部通过电子邮件交流，但系统功能十分特别，它会把员工与外部电子邮件往来的内容也全部转发给上司。

粗看你可能会觉得交流变复杂了，但与客户的交流内容如果只有相关负责人知道，那么就可能错失商务谈判的机会而给公司造成损失。虽然投资回报率的投资增加了一些，但最终也会对回报的增加有所帮助。

另外，该公司没有固定电话，所有的电话都在呼叫中心被暂时接听。这么做是为了防止员工因接听电话而中断业务最终导致工作效率降低。

打给呼叫中心的电话都会通过电子邮件自动转发内容，员工可以在方便的时候处理。当然，障碍和故障处理的流程是与之分开的，通过划分对应的流程，加速这类问题的处理。

通过交流方式的变化，是可以提升工作速度的。笔者建议你在选择交流工具时，尽量选择云盘，以及在全球范围内都能使用的工具。

由此，提高投资回报率中的回报值，降低投资值就成为可能。

商务技巧 12：
选择使用瀑布式开发还是敏捷开发
日本的大多数情况是采用瀑布式开发

本节将稍稍改变风格，与你聊聊系统开发的事。

系统的开发方式有瀑布式和敏捷式两种。使用哪种方式能使工作效率更高呢？

这实际上是一个很难的问题。

瀑布式开发和敏捷开发的差异

瀑布式开发是1970年左右在软件行业开始采用的方法，它基本按照需求分析→设计→编码→测试→发布→运用和维护的步骤进行开发。也就是说，前一道工序完成后，才能进行下一道工序，步骤从直观来看很容易理解。如果进展顺利的话还能使项目高效完成。

与此相对，敏捷开发始于2000年左右，是比瀑布式开发更新颖的开发方式。它以2周左右为一个短周期（期间），在短周期内进行一定量的开发和测试。不是一口气地制订计划，而是把每个短周期内运行的软件都展示给项目所有者看，并寻求其反馈。

因此，在初期阶段，这种开发就能让项目所有者看到整个系统的运行。通过早期的测试和来自项目所有者的反馈，防止大面积的返工，实现降低开发成本的目标。敏捷开发以变化和不确定性为前提，进行软件的灵活开发。

然而，在瀑布式开发中，一直到开发的最终阶段，项目所有者都无法看到系统的实际运行情况。因此，有时会发生这样的悲剧：项目所有者在系统开发完成后才发现这并不是自己想要的东西。如果发生了那样的悲剧，进行大面积的返工成为必然，项目也会延期。

另外，在瀑布式开发中，测试是在开发的最后阶段集中进行的。也就是说，开发可以在前一道工序不准确的情况下继续。结果，前期累积的故障会在测试阶段爆发，处理起来就会变得很困难，导致系统发布需要更多时间，项目也会产生延期风险。

就算在实际情况下，项目所有者在最初的需求分析阶段也无法确定开发要求，即使要求确定了，软件规格也会发生改变。或者在设计阶段之后，软件规格还会发生变化。这些变化会导致返工，项目也随之延迟。

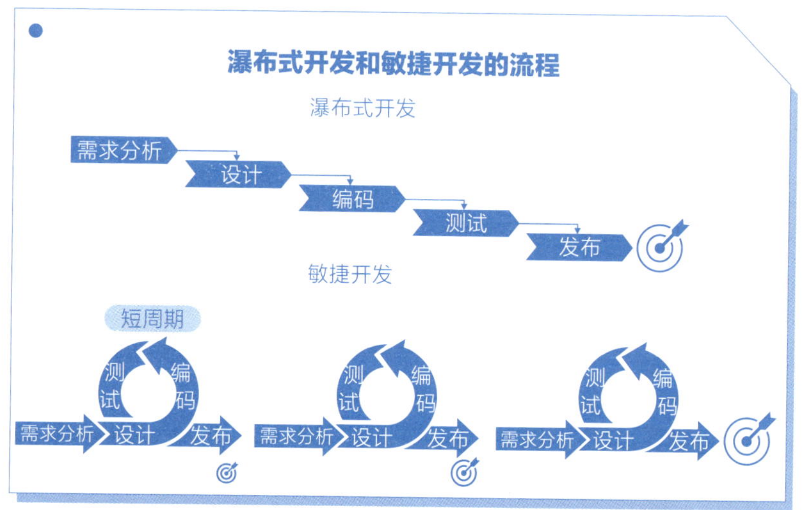

原本系统开发就应该在确认每个步骤正确与否后再向前推进，这样就不易发生返工。但实际上，仍有不少项目因返工而延期。

这样的话，你最好选择敏捷开发。事实上敏捷开发在当今世界已经成了主流。

在日本敏捷开发未成主流的原因

但是，日本的情况并没有那么简单。

其原因在于日本的系统开发具有特殊性。在其他国家，系统是由公司自己的工程师开发的。但是，日本的大型企业自己并不开发系统，而采用外包的形式。他们都倾向于将系统开发工作外包给系统开发公司。

系统开发公司制订整体计划，估算每个步骤所需的工作量，然后乘以人工单价来做出预算。如果是大规模开发，单靠总承包商某系统开发公司是无法实现人员调配的，还需要进一步联合相关公司或子公司，动员他们的员工一同进行系统开发。此时，能够明确每个步骤所需人员的瀑布式开发，在人员调配环节非常便利。

结果，大多数日本系统工程师精通的都是瀑布式开发。也就是说，实行自主开发的公司容易引进敏捷开发，但如果是实行外包开发的话就很难。

虽然笔者写得有些极端，但瀑布式开发的目标明确，朝着既定目标就能以最快的速度完成开发，理论上是一种高效的开发方法；而与此相对，敏捷开发需要每2周修正一次，理论上属于低效的开发方法，因此从逻辑上考虑，瀑布式开发的工作效率更高。但现实中结果可能并非如此，原因已在前文中进行了叙述。

瀑布式开发固然有其缺点，但它有多年的实际应用成果，并且有很多熟练的工程师，若遇到合适的项目对公司来说会是不错的选择。但是，近几年，在这个难以预测未来的时代，有很多系统适合使用敏捷开发，因为它们需要进行短周期修正以削减开发成本。

笔者建议有系统开发需求的公司在充分考虑项目的特点后再讨论出最合适的开发方法。

商务技巧13：如何高效在家办公（远程办公）

通过不限制场地的工作方法提高职场的投资回报率

大约从2009年起（除了在瑞可利职业研究所工作的2年），笔者在不断进行新员工招聘的公司担任领导。

公司每个月都会有新员工加入。在人际关系还没有完全建立的情况下，笔者一边思考应该如何高效地进行在家办公（远程办公），一边思考如何更好地对公司进行管理。

其实，笔者有2年在瑞可利职业研究所从事事业开发和研究工作的经历。由于职业的特殊性，当时笔者独立工作以及与公司外部人士开会的工作形式占了大半部分。

极端地说，笔者当时可以选择每天远程办公的工作方式。如果灵活运用视频会议系统，召集公司内部员工现场开会的必要性也会降低。当时公司的首席执行官甚至给笔者写了一封信，说笔者可以一个月不去公司工作。

结果，笔者一直持续着远程办公的日子。

没有通勤时间，也不会因上司或同事的突然搭话而打断自己的工作。笔者以极高的效率完成了工作，并且没觉得有什么问题。

但是，如果笔者一直闷在家中，和关系融洽的同事之间的交集就会变少，在某些瞬间也会微微感到寂寞。笔者和该公司的员工一起工作了很长时间，早已建立了人际关系，因此，会在某些瞬间感到寂寞。

这只是笔者一个人的特殊感受吗？

在此，笔者阅读了一则瑞可利职业研究所关于调查远程办公发展迅速的国家——法国的报道。

远程办公发展迅速的国家——法国的情况

法国企业开始远程办公的契机之一是2008年发生的国际金融危机。企业为了节约经费，把城市中的一部分事务所转移到了房租便宜的郊外。同时，企业通过引入远程办公制度的措施来解决员工通勤的时间和成本负担加重的问题。

另外，法国地方自治团体还把促进远程办公作为地方刺激政策，成为该制度推进的巨大力量。

随后的第二年，也就是2009年，法国的很多企业都允许员工远程办公，将远程办公作为防止流感蔓延的紧急对策，这成为该制度正式引进法国的重要一步。

2012年，法国政府对《劳动法典》中关于远程办公的内容进行了修正，为利用信息技术的新型工作方式完善了法律框架。

除此之外，还有这样的故事背景。由于2016年大气污染问题的出现，法国政府对人们提出了尽量减少外出的要求。法国政府通过实施车牌尾号限行政策来控制车辆进入城市，给利用汽车通勤的员工带来不便，导致企业不得不同意员工远程办公。

据说2017年埃马纽埃尔·马克龙上台后，法国政府大力推进了远程办公制度的实施。通过远程办公，法国政府可以节约约100亿欧元的经费，这个数字相当于当时法国国内生产总值的0.5%。

在2018年1月的法国《劳动法典》的修正中，远程办公被认定为是员工的权利。也就是说，如果雇主拒绝让员工远程办公，那么雇主就有义务向员工解释拒绝的理由。

2017年1月，员工“拒绝联系的权利”也得到了法国政府的认可。员工可以在上班时间拒绝处理公司和客户发来的电子邮件，政府还对远程办公时发生的“隐形加班”进行了整顿。这些通过赋予员工切断网络连接的权利、在公司内导入压力检测系统等方式得以具体实现。

在此基础上，法国政府也加快了在各铁路车站搭建远程办公场所的速度。场所类型多样，既有可以在安静环境中商谈业务的地方，又有可以根据不同职业交换信息的空间，不同场所展现各自的不同特点。

关于这一点，日本也颇有进展。

总结来说，即使是在远程办公发展迅速的法国，企业当初也是迫于无奈才开始引入远程办公制度的。在此基础上，法国政府和地方自治团体完善了制度，民间企业也进行了相关设备的配置。

远程办公时必须有自由座位制度

那么，远程办公的工作效率如何呢？

关于远程办公是否能提高工作效率有一组有趣的数据。从结论来看，目前每周远程工作1～2天较为有效。

如果一周远程办公不到1天，那么对于引进该制度所花费的精力来说则效率过低；如果一周超过2.5天，员工就会失去与企业的联系，变得孤立，导致工作效率下降。

这也许和笔者之前的寂寞感很相似。

另外，企业在讨论如何通过远程办公提高工作效率的时候，设置自由座位（员工没有固定座位的办公室形式）是必不可少的。如果员工座位是固定的，那么该员工在远程办公时他的座位就无法被有效利用，办公室的空间也不能实现最大化。

首先企业要设置自由座位，然后再实施远程办公，按这样的顺序就能打造出高投资回报率的办公室。

第 2 章

通过最强框架磨炼思维

通过学习商务领域的框架构造，既可以做到减小投资回报率中的投资值，也可以做到提高其中的回报值。如果这些框架能够在公司内得以有效利用，那么就能使公司的投资值变小，投资回报率变得更高。

在商务领域，有必要考虑各种场景下的行动计划，包括战略、方针、战术、后勤等，并把计划传达给周围的人。如果对方与你存在默契，也许通过口头交流就能传达信息。

但当传达对象是几人甚至很多人的时候，当传达内容包含着微妙语义的时候，当你不能直接向对方传达消息的时候，当你必须多次传达相同内容的时候，当你想要留下文字记录的时候，你就必须事先把信息整理成资料。

笔者认为本章对以下人群有所帮助。

☑ 思考行动计划（战略、方针、战术、后勤）并从事相关工作的人。
☑ 不擅长把自己的想法整理成资料的人。
☑ 整理资料需要花费大量时间的人。
☑ 想制作资料并使其通俗易懂的人。
☑ 在制作资料的时候，不知道如何着手的人。

本章将介绍解决这些问题所需的11个商务技巧。

⑭ 目标、内容、媒体、表达的完整性。
⑮ 数字化。
⑯ 可视化。
⑰ 模型化。
⑱ 基本框架（1）逻辑树。
⑲ 基本框架（2）市场营销组合。

⑳ 基本框架（3）客户的3C。
㉑ 基本框架（4）5F。
㉒ 基本框架（5）业务流程。
㉓ 基本框架（6）出场人物和价值交换。
㉔ 基本框架（7）盈利模式。

商务技巧 14：目标、内容、媒体、表达的完整性

表现力戏剧性提高的4个要点

笔者经常有在人前说话的机会。听众少的时候只有几个人，通常是几十个人到100个人，最多的一次是在亚马逊云科技峰会（AWS，Amazon Web Services）的主题演讲上，笔者在超过3000个人的面前发表了演说。后来，笔者还接受了某公司的委托，在大约100个人的面前演示了有关关键绩效指标（KPI，Key Performance Indicators）管理的内容。

在准备这些演讲资料和文章的时候笔者有一个习惯，即在制作前和完成时必须进行两次检查。

这就是“目标、内容、媒体、表达的（TCME）检查”。

它是笔者原创的词。

如果笔者把这个检查习惯介绍给不擅长演讲和写文章的人，那么他们就能轻易提高资料的制作水平。在此，笔者想简单介绍提高演示资料制作水平的“目标、内容、媒体、表达的检查”要点。

TCME是目标（Target）、内容（Contents）、媒体（Media）、表达（Expressison）4个单词的首字母。TCME按顺序排列可以理解成“Take

Care of ME”，也就是表达“请记住我，一定会对工作有用”的意思。

T 目标：“向谁？”

C 内容：“做什么？”

M 媒体：“使用什么样的媒体？”

E 表达：“如何进行？”

也就是说，下次演讲时，你要从“向谁、做什么、使用什么样的媒体、如何进行？”这4个要点入手，在资料制作前和完成后进行两次检查。

这非常简单。善于演讲的人和善于制作资料的人，都会有意识无意识地进行类似的检查。

目标的设定
——你希望谁转变态度

下面笔者将对4个关键步骤逐一进行说明。

首先是目标。演讲的目的是使目标对象做出演讲者所期待的行为，这被称为“态度转变”。具体来说就是希望目标对象在听了演讲之后能够做出一系列转变，如“进行订购”“决定批准”“成为我们的粉丝和伙伴”或“在问卷上给出满意的回答”等，不过这种转变并不容易。

在设定“目标”这一步骤中，首先要明确你想让谁转变态度。

即使演讲的目标对象有很多，但大多数情况下你真正希望能转变态度的对象是有限的。目标越集中，资料的制作和演示就越容易。

对于演讲的目标对象，至少要区分他们是公司内部人员还是外部人士、是你的上司还是同事、是年长者还是年轻人、是老客户还是新客户、是案件的裁决人还是负责人、是一个人还是多个人、是社会人士还是学生，掌握这些信息或对他们有大致的印象很重要。

“不就是这些吗？我都知道啊。”也许有人会不以为然，也有不少人在未设定目标、未进行确认的情况下就开始制作资料。

如果可能的话，你还需要思考更多的细节。

例如，如果是面向学生的演讲，即使将目标对象设定为学生，求职中的东京著名私立大学的文科学生和刚入学的地方学校的信息系大专生，两者的兴趣可能有很大不同；如果是面向经营者的演讲，即使将目标对象设定为经营者，风投企业的经营者和创业100年的老牌公司经营者，目标对象性质的不同准备的方式也不尽相同。

因此，所有一切都是从确定希望转变态度的目标对象开始的。

推敲内容
——想要传达什么

第2个步骤中的“内容”，是指资料的内容，即想要传达的内容或想要告诉别人什么。这是从希望目标对象转变态度的内容中倒推出来的。

例如，想让负责人批准采购某商品时，除了要说明采购商品的好处，还需要对令负责人感到不安的地方做出解释。

然而一味地增加解说内容只不过是徒劳。在这种情况下，笔者希望你们能想起“电梯理论”。

所谓“电梯理论”，是指风投公司的经营者与投资者偶然共乘一部电梯时，针对投资者“贵公司在经营什么？”的提问所做出的回答。其关键是经营者能否在十几秒内向投资者说明自己公司的业务，并能说出让投资者决定投资的关键点。

也就是说，为了使投资者转变态度、做出投资决定，经营者有必要分段或分条罗列要点。不知所云的资料大多都是因为内容没有经过仔细推敲。

对媒体的研究
——将目标对象所熟悉的方法组合起来

第3个步骤中的“媒体”，是指向目标对象传达信息的方法。

例如，即使你们使用的是相同的传播工具，也需要考虑以下问题：你们是亲自进行现场演示还是只发送资料？目标对象是在现场观看、通过电脑屏幕观看，还是通过智能手机观看？

利用目标对象所熟悉的、经常使用的方法组合来传达信息是很重要的。

例如，虽然纸质媒体逐渐被社会淘汰，但传单如今在日本的家庭主妇群体中仍然被认为是有效的传播方式。除此之外，受到TED[①]演讲的影响，信息敏感度高的人越来越欣赏与领导直接对话的方式，即不使用幻灯片等资料，仅与领导进行口头说明。今后，也许人们还必须考虑到引进视频这个新媒体工具的发展趋势。

最后用表达给予致命一击
——寻找和目标对象共通的语言

最后一个步骤中的“表达”也很重要。

---

① TED（由Technology、Entertainment、Design的首字母组成，即技术、娱乐、设计）是美国的一家私有非营利机构，该机构以它组织的TED大会著称，近年来TED演讲因短小精悍、观点响亮、开门见山、种类繁多、看法新颖受到追捧。——译者注

你要使用目标对象熟悉的术语和词汇。

例如，同样是面对负责人，在向拥有技术背景的人和拥有销售背景的人传达信息时所使用的语言是不同的；即使目标对象同为理科生，他们经常使用的数量单位也会因人而异。皮克（pg，质量单位）、纳诺秒（nanosecound，时间计量单位）、埃米（Å，长度单位）、太拉（tera，计算机存储容量单位）……他们所熟悉的词汇各不相同。

使用目标对象耳熟能详的语言是很重要的。如果找到你们的共同点，对方就会愿意倾听，这是人之常情。如果与某大学毕业的人谈起其母校名字和校园的相关话题，就能激发其兴趣。另外，通过讲述当地新闻趣事来活跃气氛，也属于寻找共同点的一种方法。

此外，根据负责人的年龄来调整字体大小也很有必要。虽然笔者现在已经50多岁了，但依然有不少比笔者年长的前辈，他们纷纷表示资料的字体太小，令人难以辨认。你需要照顾到他们的特殊情况。

另外，对于演示者来说，因为这是能直接面向负责人的说明机会，所以演示者往往会将资料介绍得过于详细。但若是站在负责人的立场上考虑，他们则更喜欢内容简短、要点明确的资料。

负责人每天必须决定各类提案，他们想知道的是“结论是什么”“我必须对什么做出判断”，在做出此判断之前，“我必须提前考虑什么样的风险”。但是，这些要点在资料上往往写得不够明确，正因为如此，很多时候他们仅看资料都无法得出结论。

笔者在制作所有资料的时候都会在制作前后分两次确认目标、内容、媒体、表达的完整性。只要确认这4点，你就一定能使资料的质量提升。

目标、内容、媒体、表达的完整性

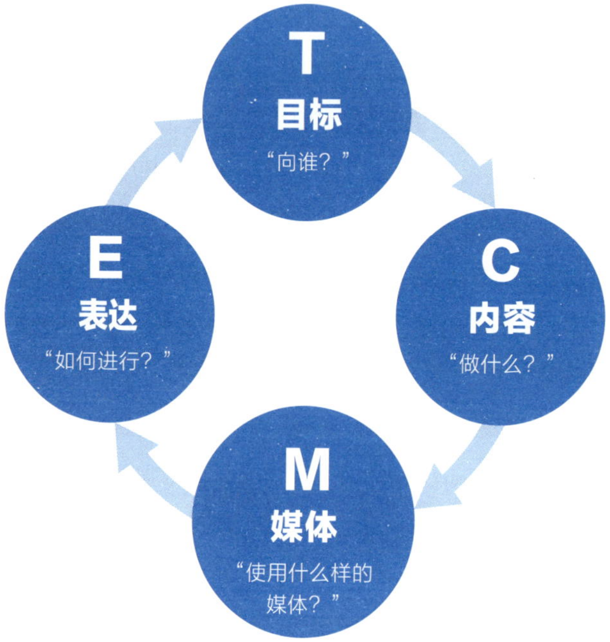

T
目标
“向谁？”

C
内容
“做什么？”

M
媒体
“使用什么样的媒体？”

E
表达
“如何进行？”

商务技巧 15：数字化

“数字”是全球经济的通用语言

笔者在瑞可利研究所担任某调查团队负责人的时候，想起了大学时代的恩师曾说过这样的话：

“世界上有两种笨蛋。一种笨蛋认为透过数字可以了解一切；另一种笨蛋认为透过数字什么都无法知道。你们不能成为以上任何一种笨蛋。”

有一次，笔者的团队正在对调查结果进行解释时，现场有一位高级管理人员无视显而易见的调查结果，仍然想原封不动地沿袭以往的战略，令人颇感为难。当时，恩师的上述话语突然浮现在了笔者的脑海。

实际上，在商务领域，有人认为数字可以判断一切，也有人几乎不参考数字，只凭KKKD（直觉、气势、经验、胆量）来判断事物。

日本企业的风气——容易做出与数字展现的事实不相符的判断

笔者在与美国某大型人才企业的日本法人代表及董事长交谈时，目睹了日本企业的特殊性。

该董事长透露道："如果单独去看日本企业招聘的相关数据，就会发现他们对待数据的态度与欧美有很多不同，令人难以理解。日本的经营者看到数据，虽然对其内容是赞同的，但最终得出的结论却和数据毫无关系。这在欧美是难以想象的。在欧美，经营者如果看了数据并表示赞同，就会得出与其相符的结论。"

不过，欧洲某汽车企业的一位日本法人代表及董事长确实做出了欧美式的判断。他在确认了二手车信息杂志的相关资料后，当场推算出了投资回报率，并决定马上在上面刊登本公司信息。整个过程没有与任何人商量。因为二手车信息杂志的销售员和本公司的相关负责人之间关系一直不佳，如果将该议案退回再议的话将不会有任何结果。

最终在二手车信息杂志刊登信息的成效和投资回报率所预测的结果一样。此外，加上随后内部改革取得的成果，这家汽车公司的发展令人刮目相看。

在欧美看来，日本社会就是一个不用数字判断事物、不可思议的社会。

现实中，请你记住“数字是数字，判断独立于数字”。

那么，在职场中又应该如何表现呢？

即使你们的职场风气是不依据数字作判断，笔者也建议你先养成思考能否用数字进行说明的习惯。

这样做的理由有2个。

在国际标准中，“数字”是通用语言

今后日本以外地区的商业机会增加是必然的。

例如，一直到2010年，瑞可利集团的大部分业务都只在日本国内发展，大部分的客户是日本的公司。也就是说，其开展的业务与国际标准无关。然而，在和日本国内的外资企业合作时，特别是向该企业总部（全球总部）介绍瑞可利集团的商品和服务优势时，也必须提供以数字为中心的资料。

此时，用数字来表现各种各样的信息尤为重要。如今，即使是基本只在日本国内开展业务的公司，他们与非日本企业或是与和非日本企业想法一致的企业来往的可能性也在不断增加。从这种意义上来看，使用数字这一世界通用语言传达信息变得非常重要。

因为数字是世界共通的，只要使用数字就可以和任何人交流。2010年之后，瑞可利集团积极拓展日本市场以外的业务，还引进了招聘网站Indeed.com和多家全球派遣公司，现在网站销售额的一半已被日本市场以外销售额所占据。

当然，与非日本公司的交流是以数字为基础的。今后，与非日本公司有业务往来的人也会越来越多吧。

没有比"数字"更有说服力的工具了

还有一个理由是即使很多人并不依靠数字作判断，但如果结论能通过数字佐证，那么说服力会变得更强。尤其是当你无法和目标对象进行直接交流时，利用数字更有说服力。

下面是笔者在公司内引进销售培训时遇到的事。一家公司的资料上写着"如果参加这项培训，学员的销售能力会有所提升"；另一家公司的培训资料上则写着"参加本培训的学员，培训结束后，销售业绩平均能提高20%"。

虽然笔者对这些话将信将疑，但还是联系了后者——宣扬"销售业绩提高20%"的培训公司。当然，笔者和前者也打了招呼，但是没有得到他们提供的数字信息。

在参加后者的培训时，笔者所在公司并不知道实际销售额是否提高了20%，销售业绩又是否与培训有关。一般来说，能参加培训的都是通过选拔的优秀人才，其展现的培训效果也许会比平时夸大一些。

即便如此，笔者所在公司也能根据该公司提议的销售额增长率推算出培训的投资回报率。例如，如果销售额要提高20%，笔者所在公司就能从培训费用、参加人数、平均销售额等方面明确推算出投资回报率。

如果不能数字化，就无法衡量商业成果

有些人一听到用数字来衡量，就会做出如下反应："我们产生的价值（提供的服务、所做的事情）是无法用数字（或金额）来表现的！"

现实中，确实可能存在这种情况。

但笔者觉得这类人就属于“透过数字什么都无法知道的笨蛋”。事实上有些工作内容确实难以换算成数字，但若要精确地展示，与其说内容本身难以换算，不如说几乎所有事情都不可能完全用数字表示。

在此笔者要说的是，如果我们以某个假设或某个模型为前提，工作就能用数字来表示。

如果你曾认为自己的工作成效无法用数字表示，那么现在为何不试着改变想法呢？你认为无法用数字表示并非意味着你可以停止思考，你应该在最初就下定决心用数字来表示。在用数字表示之后，再去思考数字能够表现的精确程度。

也就是说，笔者希望大家不要先入为主，认为自己做不到，而要试着运用逆向思维思考，相信自己所做的事都可以实现数字化。

在商务领域，投资回报率很重要。如果你做的事情不能用数字来表现，就无法推算投资回报率。也就是说，无法衡量成果。

按照笔者的直觉，如果能够建立模型，那么所做的事情就完全有可能实现数字化，对事物也就有了大约70%的把握。在商务领域，准确性达到70%就完全可以做出正确判断了。

因此，对于自己想要传达的信息，笔者建议大家要先考虑能否用数字来表现。

商务技巧16：可视化
通过视觉要素体现交流的重要性

笔者在梳理自身想法、向别人传达信息的时候意识到了一件事，即“要试着把信息变成画面”。

这和上文所介绍的“数字化”观点，出发点是一致的。

在整理思路的时候，如果能将其可视化（用图、画、表等形式表示），那么之后和周围的人交流起来就会很方便。

宜家的组装家具说明书上没有文字

你买过宜家的组装家具吗?

在其说明书中，没有任何的说明文字，全部通过插图进行说明。“遇到困难的时候请给宜家打电话”这句话也用插图表示。因此，即使在语言不同的世界各国，都可以使用相同的说明书。

而且最重要的是，宜家家具的组装方法对于使用者来说非常简单。宜家也许有一项规定，就是要设计出即使没有文字说明也能便于顾客组装的家具。

从宜家的事例中可以看出，如果采用插图等可视化的传达方式，那么即使有人是第一次听到某事，他也能轻易理解。例如，这本书就是笔者在意识到视觉作用的基础上纂写的。在说明各种各样小贴士的时候，笔者尽可能地把它们的象征元素组合成了视觉形象（图、画、表、分条列举的框架）。

这是因为笔者想利用左脑的文字理解力和右脑的视觉感知力向你传达信息，想让你有更多收获。针对你购买本书所付出的金钱和阅读本书所付出的时间（即投资），笔者希望能通过增加回报提高你的投资回报率。

从这本书中学到的知识，哪怕只增加一点，对你来说也是投资回报率的提高。

下面笔者介绍几个例子。

在市场营销的基础框架中有一个3C理论。该框架阐述了3C的重要性，强调在制定事业战略时，不仅要考虑本公司（Company）的情况，还必须考虑客户（Client）和竞争对手（Competitor）的情况。据此提取了Company、Client、Competitor的首字母，称为3C。

仅通过上述的文字就能充分表达信息。但如果把它用图示表现出来会怎么样呢？我们分别用3个圆圈表示3个单词，接着把圆圈分别放置在三角形的3个顶点。然后，在本公司和竞争对手两者与客户之间分别用箭头连接。两家公司针对客户开展销售活动，这种状态用箭头来表示。因为本公司和竞争对手是争夺客户的关系，所以两个公司之间用带双向箭头的直线连接，就像文字描述的那样，表示竞争关系。

这样一来，即使面对不明白3C词义和内容的人，传达信息也变得很容易。

在交流的初级阶段“可视化”是有效的

例如，在企划书中，易于传达的表现形式排序如下。

①视觉（图画、图示、表格、图表等）。

②宣传语。

③分项列举。

④文章。

在商务交易等场合中，由于最终需要签订合同，因此需要正确的文字描述。但是，在交流的初期阶段，可视化非常有效。你可以在意识到这一点的基础上撰写企划书。

在30岁左右时，笔者曾去法国的欧洲工商管理学院（INSEAD）学习过两周多的市场营销相关课程。在这个20多名学员的班级里，除

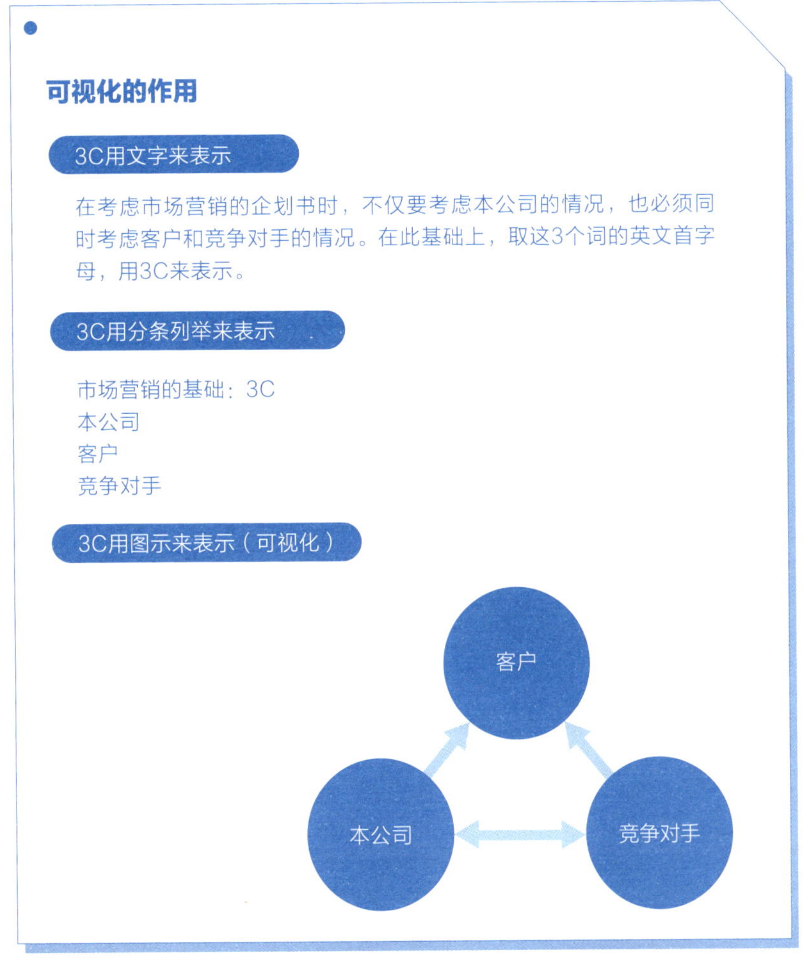

了笔者以外都是公司的经营者。

当时笔者的托业考试[①]成绩才730分，属于商务级别中最低的。也就是说，虽然笔者可以用英语与人进行简单的口头交流，但一旦谈到有些复杂的话题时就束手无策了。在这种环境下，和其他国家经营者沟通时能采用的有效方法就是通过视觉形象和数字来表现。

在上课过程中，需要4人一组以团队对抗的形式进行模拟游戏。笔者所在的团队需要购买土地，在上面建造酒店，然后思考营销战略，最后通过电脑模拟业绩与股价的联动，以此来争夺排名。

笔者不想在这种游戏中输掉比赛，所以一直在思考能取胜的战略。但是，以笔者的英语能力，无法正确传达自己的全部想法。于是，视觉形象就登场了。

笔者用流程图展示了这个游戏的因果关系。

股价是因什么而变化的?（实际上是人气投票，是商学院的模拟游戏，笔者觉得实际的股价应该是由正确的事业战略、运营和业绩决定的。）当时，笔者团队用简单的图片说明了影响股价变动的相关因素。

在此基础上，笔者团队又分条列出该做之事的先后顺序。然后，按照所列顺序开始项目运营。笔者团队把目标客户锁定为商务客户，我们通过投资设施来提高酒店的便利性，还投资人才以提升服务水平。同时，笔者团队还进行了客户满意度调查，持续为客户解决难题。

结果，笔者所在的团队得了第1名。语言相通固然是最好的，但如果能做到可视化，就能与别人心意相通，更容易达成共识、取得成果。

---

① 托业考试：即TOEIC，中文译为国际交流英语考试，由ETS举办，是针对在国际工作环境中使用英语交流的人们而指定的英语能力测评考试。一般来说，800分以上为优秀。——译者注

商务技巧 17：模型化
分解业务流程使其可视化

前文中笔者分析了数字化和可视化带来的效果。下文笔者将对模型化进行阐述，因为它对事物实现数字化和可视化非常有用。当我们想了解某件事的真实情况时，可以使用简单的模型表示。

举个例子。

假定你是销售员，而在你们公司设有3个销售部门。虽然它们销售同样的产品，但在东京都内被分成A、B、C3个销售区域。A销售部的部门经理说："最近，我们部门的业绩不如B销售部和C销售部，销售员们都说这是因为区域位置不好。真是这样吗？我想请你帮我分析一下问题出在哪里。"

此处最有效的方法就是"建模"。

将销售活动模型化、可视化的步骤

在此，你需要对销售活动进行"建模"。关于销售活动的建模过程，可以用以下6个步骤来表示：①目标定位；②接近客户；③询问需求；④产品演示；⑤达成交易；⑥交付执行。

目标定位指的是列出能通过电子邮件直接联系的客户清单、制作用于电话联络和访问的客户列表，通过以上方法缩小销售活动涵盖的客群范围。此时如果将客群范围定得过于宽泛，那么就无法在销售活动中获得出色成果。

说点题外话，笔者在做销售员的时候，并不擅长无差别的上门营销。所谓无差别上门营销，就是指从大楼的顶楼到一楼，一层层敲开楼层所在公司的办公室大门，进行扫街营销。笔者认为，扫街营销也许在某些特定行业是有效的，但这是一种放弃原有目标定位的行为，可以说效率极低。

扫街是接近客户的一种方式。此外，还有打电话、寄信、发电子邮件、列表、用横幅宣传广告、口碑传播等方式。其中，引荐属于比较独特的接近方式，即请求其他老客户帮忙介绍新的目标客户，这是非常有效的。

接着是询问需求，这个步骤用于了解客户的需求状况及存在的问题。

然后按照产品演示（为了解决客户问题、满足其需求而进行产品提案）、达成交易（签订合约）、交付执行（商品和服务的实际交付）3个步骤依次进行。

将销售活动数字化、可视化的步骤

在上文中已经建立了模型并将销售活动归纳为6个步骤。在用流程图展示步骤后，你便可以尝试通过使用数字使其可视化。例如，统计A销售部部门经理的下属在过去一个月中从目标定位到交付执行的过程中，每个步骤分别执行了多少个案例。

根据统计结果，案例数如下：①目标定位（100个）；②接近客户（80个）；③询问需求（40个）；④产品演示（20个）；⑤达成交易（15个）；⑥交付执行（10个）。

笔者先分析A销售部的情况。通过以上信息可以得出，在A销售部，若想要对10家公司完成交付执行环节，就需要设定100家目标公司。也就是说，原本设定100家公司的目标，在执行过程中会逐步减少，到了最终的交付执行环节会降至10家。

因此，你首先可以简单地设想，假设交付执行的公司要从10家变为20家，那么你可以采用的策略就是把100家目标公司改为200家。而该措施是否可行，还需要与B销售部、C销售部相同条件下的数据，以及A销售部去年的数据等进行比较。

或者，还有一个有效的方法：着眼于从目标公司的100家到交付执行的10家公司，转化率只有10%这个事实，思考从接近客户到达成交易的过程中，哪个阶段的转化率出现了大幅下降。

在本案例中，各阶段的转化率分别为：①→②（80%）、②→③（50%）、③→④（50%）、④→⑤（75%）⑤→⑥（67%）。从数据上考虑，②→③和③→④这两个阶段分别减少了50%，那么可以说此处具有改善的可能性。将其与B销售部、C销售部在相同条件下的数据，或者与A销售部去年的数据比较，就可以明确应该改善的部分。

通过模型化和数字化，以及与其他部门（在本案例中，是指相对于A销售部的B销售部和C销售部）的比较，就能解答上文中A销售部的销售负责人的困惑，明确业绩少是地区的问题还是A销售部内部销售活动的问题。

只有通过模型化、数字化，才能使论点明确。

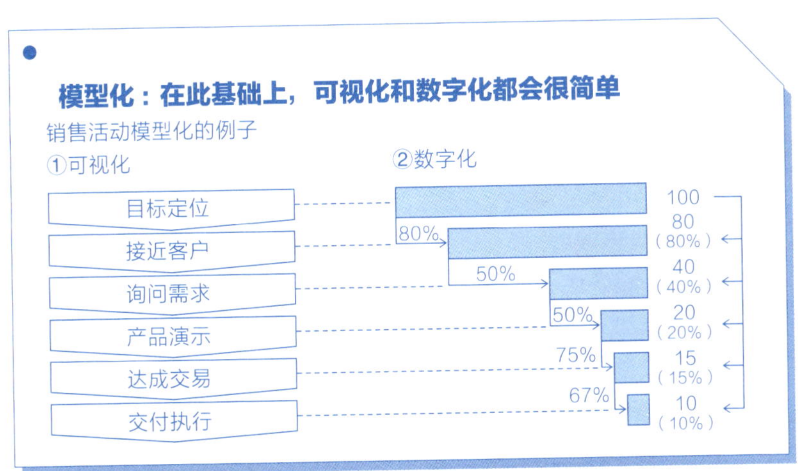

商务技巧18：基本框架（1）逻辑树

全面、深入地通过“因数分解”来整理事物

前文笔者讲解了从模型化→可视化→数字化的步骤。当你思考如何建模的时候，需要通过一定的框架来整理思路。

在此，笔者向你们介绍整理思绪的有效方法——“逻辑树”。所谓逻辑树，用一句话解释就是“对某件事进行因数分解”。

可能有人会对“因数分解”这个数学名词感到排斥，但其实它的意思很简单。例如，若把30分解质因数，结果就是2×3×5＝30。也就是说，30可以分解为2、3、5这3个质数。

试着用逻辑树对“减肥”进行分解

下面笔者将通过具体案例进行分析。

例如，请你试着设想体重减轻的情形，请先列出你能想到的方法。

有哪些方法可以减轻体重呢?

①断食。

②减少吃饭的次数和分量。

③减少酒精摄入量。

④去健身房锻炼。

⑤开始慢跑。

⑥购买训练器械并使用。

⑦去美容院做相关减肥项目。

⑧把食物换成减肥食品。

⑨进行减肥手术。

能想到的方法有很多。

但仔细一想，①断食；②减少吃饭的次数和分量；③控制酒精摄入量；⑧摄取减肥食品，这些都可以用“A减少摄入”来概括。

同样地，④去健身房锻炼；⑤开始慢跑；⑥购买训练器械并使用，也可以用“B增加消耗”来概括。在此基础上，笔者对减轻体重的方法进行分类，归纳如下：

A减少摄入=①②③⑧

B增加消耗=④⑤⑥

C改善体质=⑦

D物理去除=⑨

以上四点是各自独立的关系。

所谓独立关系，就是指“A和B无关”。即在“A减少摄入”的分类中不包含“B增加消耗”的内容。同时反过来，B的分类中也不包含A的内容，AB两者没有依存关系。从上文中可以看出，不仅是A和B之间，A～D所有分类之间都是相互独立的关系。

如上文所示，在使用逻辑树归纳事物时，需要做到每个步骤都能被单独选择（就像单击电脑的文件夹一样），并且使其与其他项目保持独立关系。

接下来，笔者对“A减少摄入”进行第二阶段的分类。

A-1减少每次食量

A-2减少饮食次数

A可以进一步分为以上两类。然后，再进行第三阶段的分类，“A-1减少每次食量”可以分为“A-1-1减少主食摄入量”和“A-1-2减少副食摄入量”；而“A-2减少饮食次数”又可以分为“A-2-1减少一天吃饭的次数”和“A-2-2减少一天吃零食的次数”。

同样，从B到D也能分别分解成可以单独选择的类别。

逻辑树必须要有广度和深度

在创建逻辑树的时候，有两个要点。

第一，各分项在每个阶段都相互独立，且不重不漏。上文中的A~D类几乎涵盖了所有减轻体重的方法，但凡缺少任何一项都会给人带来困扰。这就是在创建逻辑树时所谓的“内容涵盖面要足够宽广”。

第二，内容要足够深入。所谓深入，就是指虽然从第1阶段到第2、3阶段，选项不断被“分解质因数”，但人们还是需要把它细化到能够在现实中直接进行选择的程度。

也就是说，逻辑树需要广度和深度。

根据经验，笔者总结出这样一个标准：当逻辑树的广度为4~6级时，深度至少需要3级，如果有可能，尽量考虑达到4级。即当某区域被划分为10个部分时，需要进一步分组，使它们变成4~6个部分。

笔者在做销售员的时候也经常使用这种逻辑树来制作企划书。特别是当客户中的决策者想从逻辑上判断事物时，此方法十分有效。通过该方法，客户能在浏览所有选项的基础上做出最适合自己的选择。因此，从客户处获得的认同感也会和原来完全不同。所以，请你也试试吧。

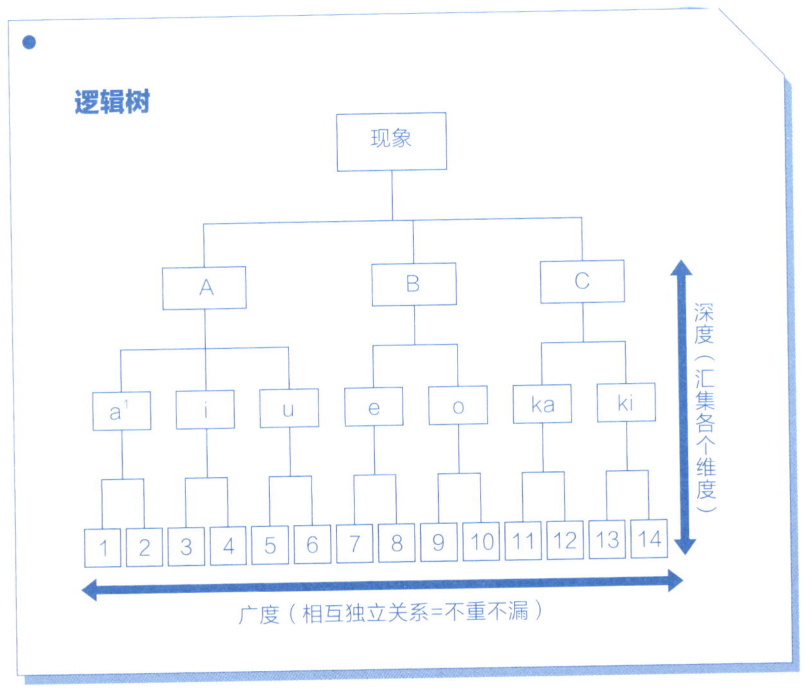

商务技巧 19：基本框架（2）市场营销组合

在所有商品、服务中都应该贯彻的“4P”是什么？

有一个关于沐浴剂的故事在市场营销圈内非常出名。

一家大型化学品制造公司开发了一种新的沐浴剂。

于是，他们想要借此进入沐浴剂市场。与市场占有率最高的产品相比，该公司的产品毫不逊色，价格也更便宜。该公司对原材料

① 按五十音图的顺序排列。——译者注

的供货地进行了限制，并且在制造方法和包装上都下了功夫。此外，该公司还使用了人气超高的女演员拍摄商品广告，开展了大规模的宣传。

那么，结果怎么样呢？

令人不可思议的是，市场占有率最高的沐浴剂依然取得了压倒性的胜利。保持良好销售业绩的仍是至今为止市场占有率最高的产品，而不是新进入市场的沐浴剂。

到底发生了什么呢？

新产品未能顺利进入市场的理由如下：

人们在看到广告之后，对新产品产生了好感并跑去超市购买沐浴剂。可是，超市货架的大半都被市场占有率最高的沐浴剂占据了，而且设定的价格也相对便宜。主妇原本是为了买新的沐浴剂才来超市的，但看到货架之后转念一想"我还是买最畅销的沐浴剂吧"，于是买走了旧的沐浴剂。

也就是说，旧沐浴剂的制造公司在销售市场占有率最高的沐浴剂时，并没有强化商业广告，而是在超市等流通领域确保在比以前更多的货架上投放本产品，从而阻碍了新产品的进入。此时，即使新进入的公司想要在货架上放置自己的商品，空间也已经被占据了。

若想掌握营销成功和失败的分界线，你需要提前了解"市场营销组合"的思考方法。

畅销商品一定具有4P整合性

"市场营销组合"又被称为"4P"，由英文首字母以P开头的4个词组成。即产品（Product）、价格（Price）、宣传、促销

（Promotion）、销售渠道和流通渠道（Place）。英语中销售渠道和流通渠道通常表现为“场所”，此处也许有人会觉得有些不协调，但它的本意其实是指商店货架的位置，现在人们把它广义地理解为渠道。

畅销商品一定具有4P整合性。

例如，笔者对市场占有率最高的沐浴剂进行分析。因为这家公司开创了日本沐浴剂市场，所以该公司的产品在某种意义上代表了沐浴剂的现实标准（事实上的标准）。

和竞争产品相比，虽然该产品的价格有点高，但与产品定位还是基本相符的，即该产品拥有的是品牌价值。同时，在宣传方面，由于长年在电视上播放该产品的广告，因此该产品已经成了人们对沐浴剂的“第一印象（最先想到的产品）”。

然后，在最后的流通渠道方面，该公司采用控制货架上位置的战术与竞争企业对抗。或许是给予了流通渠道（超市等）某种奖励（奖金），也或许是降低了产品的进货价，不管使用哪种方法，该公司都实行了市场营销组合的4P整合战略。

另外，生产新沐浴剂的公司，虽然整合了产品、价格、宣传战略，但在流通渠道方面的应对能力却相对较弱。因此，该公司并没有贯彻市场营销组合的整合性。好不容易开发了优质、低价的商品，又使用广告进行了有效宣传，但却没能控制住重要的超市货架，这就是失败的原因。4P思考方式不仅适用于沐浴剂这种商品销售活动，在从事其他商业活动的时候，这种方式也都是有效的。

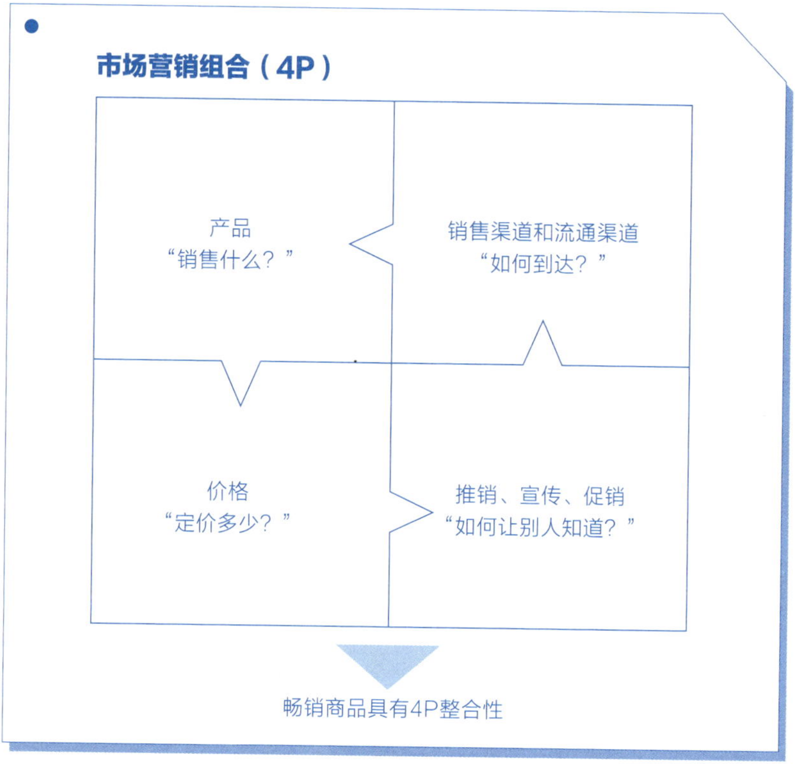

市场营销组合（4P）

产品 “销售什么？”	销售渠道和流通渠道 “如何到达？”
价格 “定价多少？”	推销、宣传、促销 “如何让别人知道？”

畅销商品具有4P整合性

商务技巧20：基本框架（3）客户的3C

避免陷入自以为是的思考方法

关于3C，笔者在商务技巧16的“可视化”章节中提到过。

该理论框架整理归纳了以C为首的3个英文单词之间的关系。

3C是指①本公司（Company）；②法人客户（Client）或个人客户（Customer）；③竞争对手（Competitor）。

特意把第2个C分为法人客户和个人客户，是笔者在瑞可利集团工作时养成的习惯。

笔者在该公司任职的时候，根据瑞可利集团的商业模式，销售额的一大半都来自其他公司向我们投放的广告费。当有人问“哪类客户能带来销售额”时，得到的答案就是法人客户。但公司为什么要刊登广告呢？其原因在于个人会对公司的广告做出反应（如咨询、索取资料、访问等）。

因此，如果只根据能带来销售额的法人客户的需求来制作广告的话，就会被个人客户（读者）拒之门外。为了避免这种情况，瑞可利集团要求广告也能同时满足个人客户的需求。因此从那时起，瑞可利集团就为了维护读者的利益而制定了广告刊登规则，如果法人客户无法遵守这一规则，那么即使费用已经支付，其广告也会被拒绝刊登。

对一般公司而言，直接付款对象就是客户；但对瑞可利集团而言，很可能出现以下情况：购买商品的客户有的是法人公司，而有的又是个人。同时针对法人公司和个人开展业务，这可能就是瑞可利集团人岗匹配业务的独特之处。

下面回到3C的话题。

使用3C理论分析的目的是可以避免自以为是。虽然这种表达方式有点难以理解，但在向客户销售本公司商品的时候，人们会不知不觉只考虑自己的立场，容易忘记站在客户的立场上考虑，而使用3C理论就能避免这种情况发生。

例如，如果在没有意识到3C的前提下考虑营销战略，就会遗漏一些信息，如竞争对手正在向客户销售什么样的商品等。

为了避免这些遗漏，需要在3C示意图三个C的位置上填写相关信息。这样的话，你便能站在客户的立场上比较本公司和竞争公司的产品了。

若果真如此，简直太棒了。

当你站在客户的立场上看待自己的公司，思考给客户提供怎样的信息客户才会选择本公司的产品时就会变得相对容易。

最厉害的是养成考虑客户3C的习惯

此处再向你们提出一些发展性的建议。

在面对主要客户或者典型的主要客群（组）时，请试着养成考虑客户3C的习惯。

客户的3C是指站在法人客户的角度，将其当作本公司，对其客户、竞争公司的相关信息进行整理。这样做能进一步加深对客户的理解。

法人客户也要与竞争对手竞争，通过销售产品、提供服务来提高业绩。因此，法人客户无论是购买我们的产品，还是使用我们的服务，都是为了使自身在竞争环境中占据更有利的地位。也就是说，通过整理客户3C相关的信息，就能更容易理解客户所处的立场。

瑞可利集团的销售员在提供给客户的资料中，经常只用客户方的3C来说明。也就是说，站在客户的立场，演示客户如何通过使用瑞可利集团的商品和服务在竞争关系中取胜。虽然这是从客户的角度来考虑的，但与只说明本公司（这里指瑞可利集团）商品和服务的情况相比，差异是显著的。这么做的话，客户最终会更倾向选择瑞可利集团的商品和服务。

3C理论框架除了适用于本次介绍的“客户的3C”之外，还可以应用在其他方面。例如，瑞可利集团的某个部门根据时间轴的移动，使用“过去的3C”“现在的3C”和“未来的3C”。也就是通过了解法人客户过去、现在以及未来的竞争环境，加深对其的理解，以过去、现在、未来的3C为基础，整理分析该公司应该选择怎样的事业战略方式。

3C是极其有效的理论框架，请你一定要好好利用。

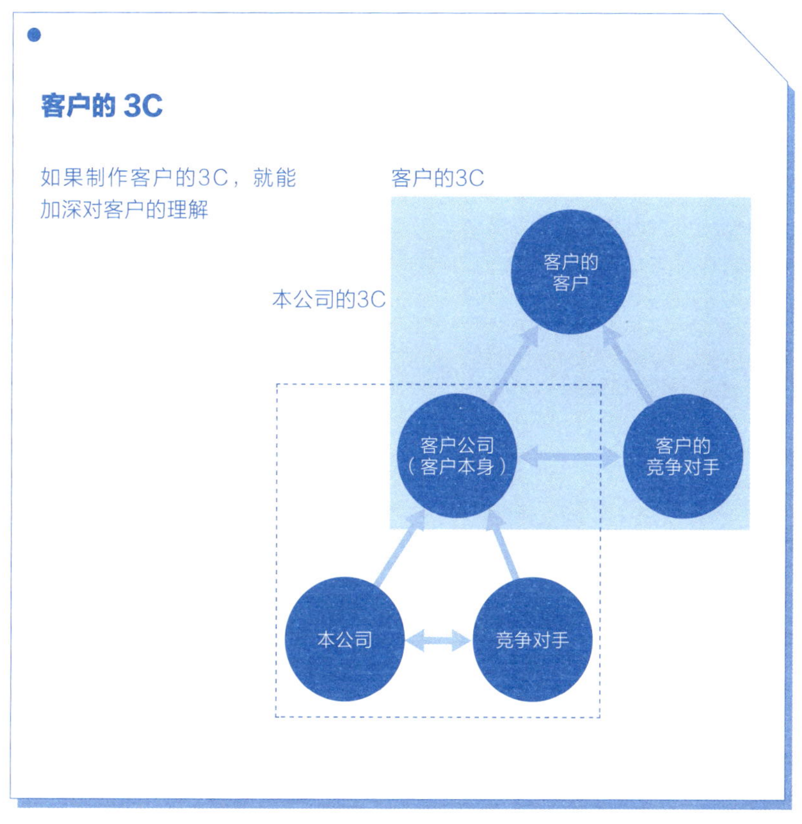

商务技巧 21：基本框架（4）5F
通过“五力模型”来分析竞争环境

接下来笔者将介绍5F。

它被定位为上文3C理论框架的放大版。

笔者来对要点进行简单介绍。5F的F就是“力量”（Force）的F，5F是“五力模型”。企业在各种力量相互制衡的竞争环境中运营发展，“五力模型”就是表现这种状态的示意图，它在分析公司想新进的市场或公司所属的市场时非常有效。

围绕企业的“5种力量”就是指①消费者；②供应者；③现有竞争者；④新进入者；⑤替代者。

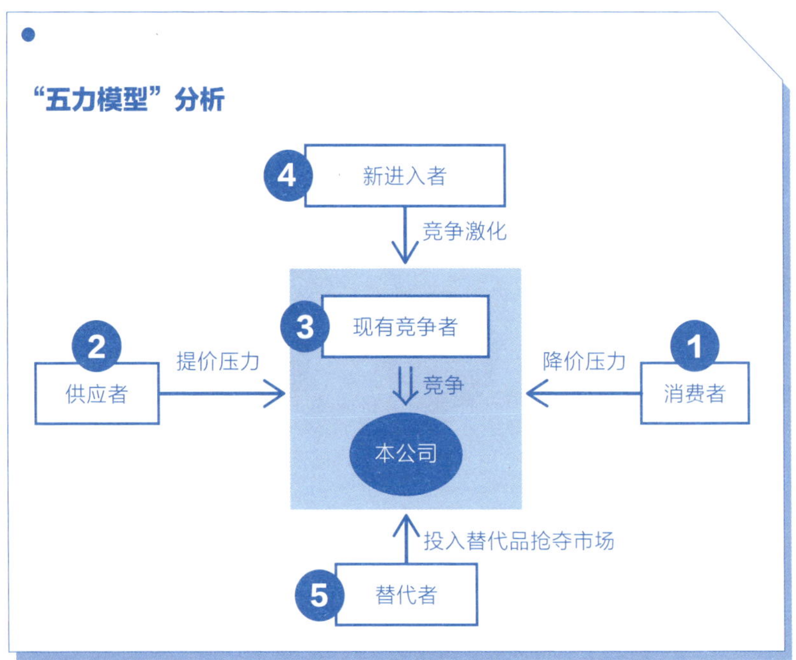

来自消费者的力量

第1种是来自消费者的力量。消费者想尽可能地购买便宜的商品和服务。从公司的角度来看，其面临降价的压力，这是销售额减少的主要原因。受这种力量的影响，价格在各种场合因各种原因被打压。如消费者以“我买得很多”“我经常买”“我第一次买”“我已经投诉了”等为理由进行讨价还价就是典型例子。公司必须战胜这种力量来保证收益。

来自供应者的力量

第2种是来自供应者的力量。供应者想尽可能地高价销售原材料。从公司的角度来看，其面临采购涨价的压力，这是成本经费上涨、压迫利润的主要原因。这种力量还会改变表现形式，以多种理由抬升价格。例如，“从其他公司进货比较贵”“市场价格变高了”等。

来自现有竞争者的力量

第3种是来自现有竞争者的力量。竞争者一直虎视眈眈地寻找机会，一旦有可乘之机，就会前来抢夺本公司的客户。

竞争者会采取“降低价格”“增加服务”“推出高性能新产品”“宴请负责人”等措施争夺客户。这种力量也需要我们努力战胜。

来自新进入者的力量

第4种是来自新进入者的力量。新进入者是指虽然现在尚未进入本公司所属市场，但正在考虑以新竞争者的身份进入该市场的企业，也就是潜在的竞争企业。

以前，笔者曾与利基市场①中的顶级制造商——某风投企业的创始人谈论过有关新进入者的话题。

该创始人说，风投企业所开创的利基市场在成立之初规模很小，这时大企业并没有进入。但是，达到一定规模后，大企业就成了新进入者，以竞争者的身份进入市场。

只是，刚进入市场的时候，因为市场规模并不大，所以担任大企业的利基市场的负责人并没有特别优秀。

但，据说当市场规模从数十亿日元扩大到100亿日元时，大企业中负责该市场的人员水平就会发生巨大变化，企业将引入一流人才负责管理。由此，资本占优的大企业就开启了猛烈攻势，而风投企业则难以抵挡、节节败退。

上文的风投企业在几年后也遭遇了同样的命运。即使是那样一位能够预见未来的创始人，也无法避免失败的结局。笔者记得自己还曾为此感到非常惊讶。

替代者的力量

第5种是来自替代者的力量。

此力量中蕴含着改变市场的巨大可能性，因为代替现有商品和服务的事物将不断出现。例如，过去替代传呼机的小灵通、替代小灵通

---

① 利基市场：是某类特定产品或消费人群（受众对象）的细分市场，是一个相对大的市场组成部分，通过其自身的独特需求、偏好使其与所处的整个市场有所不同。——译者注

的手机都是如此，之后手机又以按键手机为主流，现在则已经被智能手机取代了。

下面讲述一则25年前笔者从事销售工作时发生的故事。

说到销售，当时的每个销售员都有传呼机。虽然早期的传呼机只会发出声音，但当时笔者使用的型号可以在显示屏上显示数字位数。

当时笔者归属于实行类似军事化管理的销售部门，有一条非常不合理的规定：如果接到上司的传呼（通过显示器上的号码可以知道对方是上司），即使是从地铁上下来也要回电话。

当时还没有手机。而且虽然当时已经可以用个人电脑发电子邮件了，但没有可以随身携带的笔记本电脑。也就是说，笔者没法立即联系对方，只能寻找如今早已消失的绿色或灰色的卡式公用电话机。

因为传呼机传播的信息只有数据，所以无论是在地下还是地上，其传播力都非常惊人（当时的女高中生也同样拿着传呼机进行交流）。

但是，传呼机在不到10年的时间里就被小灵通取代了。于是，当时的传呼机专业制造商和销售商也纷纷倒闭。

也就是市场被替代者完全抢占了。但是，小灵通的繁荣也没有持续多久，按键手机，特别是移动模式[①]（i-mode）这样的替代者再一次将客户全部抢走。

然而，按键手机的繁荣也没有持续很久，很快就被以苹果手机、安卓操作系统手机为代表的智能手机超越了。

以上就是笔者使用5F的观点进行的市场分析。

这种方法非常有效，请你一定要灵活使用。

---

① 移动模式：日本NTT DoCoMo公司开发的供用户通过手机使用互联网服务的无线通信技术。——译者注

商务技巧 22：基本框架（5）业务流程

把握事业成功关键的必备步骤

当笔者想寻找商业的关键成功因素（CSF，Critical Success Factor）时，使用的一种方法是业务流程描述。为了制定关键绩效指标，确定关键成功因素就是业务流程中最重要的步骤。

说到业务流程和关键成功因素，也许有人会觉得难以理解，但业务流程主要就是把自己所做的事用箭头按顺序表示出来，而关键成功因素则是当前流程中最重要的部分。

业务流程大致有三个

大多数业务按最简单的方式划分都可以用三个流程来表示，它们分别是创造、制造和销售，即创造新的商业想法，在现实中制造，然后进行销售。

严格遵循以上步骤开展业务的公司便能够盈利。而且，对于本公司来说，找到这三个流程和其他公司的不同之处，就找到了关键成功因素。

例如，对于试图创新的制造商，其竞争优势应该是创造；对于擅长批量生产和销售的一般制造商，其竞争优势是制造；而对于零售业和贸易公司，其竞争优势是销售。

细分竞争优势

实际上，同样是创造，还能进一步细分竞争优势。即使都是产品制造，有些公司善于筹备其他公司不容易得到的原料，有些公司善于提出其他公司想不到的创意。既有擅长满足客户现有需求的公司，也有擅长创造客户新需求的公司。

这种细化不仅针对创造，也包括制造和销售。

最重要的是，在其他公司认为无关紧要或是无法察觉的地方，如果有公司能够做到与众不同，那么它能够保持竞争优势的时间就能延长。

另外，不仅在某一点，能在多处都和其他公司拉开差距的公司，能在更长时间内保持竞争优势。相反，如果只拥有某种易被其他公司模仿的优势，那么该公司的竞争优势就会很快失去意义。

梳理业务流程、寻找关键成功因素的步骤

从2004年起，笔者一直在体验自己原本未曾踏足的领域。具体业务内容是：业务策划→公司内部交易规则完善→会计管理→业务监督（房地产）→新业务运营（房地产和接待客户）→信息技术公司管理→业务开发（人才聘用）→研究开发（组织）。

每次从事新的职业或行业的时候，笔者都会了解自己所负责的业务是如何创造价值，又是如何盈利的。此时，梳理业务流程、找到关键成功因素的做法非常有效。

具体来说，以下3步非常重要。

①在询问前负责人之前，阅读有助于理解行业的书籍和信息，在脑海中构建行业地图、业务流程以及关键成功因素的假设。

②对于业务相关人员，可以依次从利害关系较远的同事处听取建议，进一步细化脑海中的行业地图、业务流程和关键成功因素的假设。

③一边在脑海里描绘着行业地图，一边请教前负责人。

为了在新行业中确定业务流程和关键成功因素，步骤①和②非常重要。如果跳过以上两个步骤，直接到“③请教前负责人”的阶段，那么得到的信息最多也只是前负责人所掌握的“简略版”。

这是因为前负责人向笔者传达信息时，他没有办法将他知道的一切完全表述出来，而且他对最佳实践或关键课题等的理解也不一定准确。

此时笔者能掌握的信息只是前负责人所掌握的大约七成，但如果经过步骤①和②，那么笔者的脑海中就会浮现行业地图、业务流程以及关键成功因素的假设，这时便能够一边验证一边倾听。若对听到的内容有异议，也可以及时与前负责人确认。

这是非常有效的方法。

确定业务流程和关键成功因素的方法并不仅仅适用于转岗、跳槽等从事新业务或新岗位的时候。在和同事或组织的员工一起推进工作时，你也许会惊讶地发现彼此认知上存在差异，此时，该方法对于统一员工的认知也十分有效。你不妨可以试试。

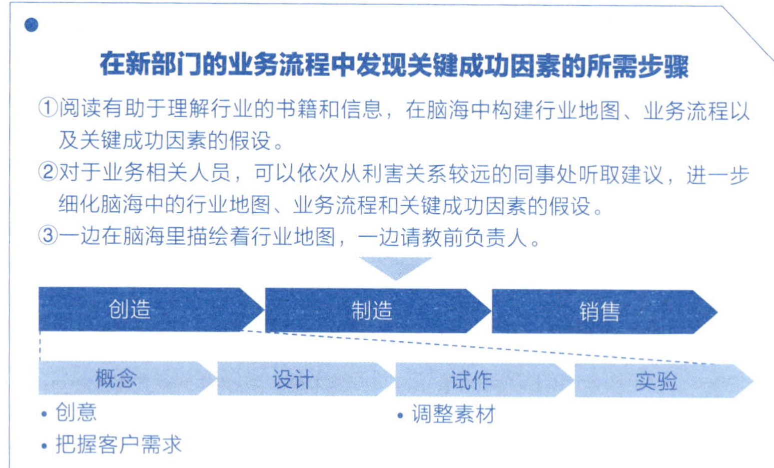
在新部门的业务流程中发现关键成功因素的所需步骤
①阅读有助于理解行业的书籍和信息，在脑海中构建行业地图、业务流程以及关键成功因素的假设。
②对于业务相关人员，可以依次从利害关系较远的同事处听取建议，进一步细化脑海中的行业地图、业务流程和关键成功因素的假设。
③一边在脑海里描绘着行业地图，一边请教前负责人。
创造
制造
销售
概念
设计
试作
实验
• 创意
• 把握客户需求
• 调整素材

商务技巧23：
基本框架（6）出场人物和价值交换
事业开发工作的“未雨绸缪”

因为笔者曾负责事业开发项目，并且使项目顺利启动了，所以在瑞可利集团任职时期，经常有从事事业开发工作的人向笔者请教问题。那时，笔者经常向他们介绍的组织框架是“出场人物”和“价值交换（人物相关性）”。

明确商务出场人物

该方法的步骤非常简单。

即要求正在研究事业开发工作的人，把自己设想的商务出场人物以人或公司的形式写下来，然后在两者中间用两个方向不同的箭头连接。

在商务领域，一定会进行商品和商品的交换，这两个箭头用来表现双方的交换过程。

例如，超市和消费者之间的交换情况描述如下。在超市指向消费者的箭头上方添加“商品”二字，同时在消费者指向超市的箭头上方添加“金钱”二字。同样，由于超市需要采购商品，所以它和批发商或生产者之间的关系也可以用带有“商品”和“金钱”二词的箭头来表现。生产者和批发商之间也是如此。

按照这种方式，笔者要求正在研究事业开发工作的人画出所有出场人物以及表示哪两者交换的两个箭头，并写下相关说明。接着，要求他们在图中画出该事业开发工作中涉及的商品和服务，然后，标出正在交换的物品名称。

这样一来，就会暴露出来一些问题。例如，有时弄不清楚“金钱”从哪里来，有时“提供的商品或服务”和“金钱”不匹配，又有时尽管考虑了好几种商业模型但相关人员就是无法达成共识等。

还有更致命的问题，那就是出场人物太少。“客户（即店铺）的客户”和“政府或行政机关”就是经常被遗忘的出场人物。

所有这些出场人物，就是事业开发工作研究者的整个市场。如果这个市场范围过于狭窄，那么研究者也就无法用长远的眼光看待事物，事业开发工作便不容易成功。

等到临近失败的时候，即使再怎么开阔视野也为时已晚。为了在一开始就能够拓宽视野，建议你尽可能广泛地选取出场人物，对于主动提供自身业务并投入资金的人，需要从多角度研究讨论。

商务技巧 24：基本框架（7）盈利模式

23种盈利模式

关于盈利模式，有一部经典名著《发现利润区》（*The Profit Zone*，亚德里安·斯莱沃斯基著），其中列举了23种盈利模式。在考虑开展新业务、梳理自身业务的时候，这些盈利模式具有很高的参考价值。笔者对该书的概要进行了总结，如下：

（1）客户个性化解决方案盈利模式

该模式通过为特定客户定制产品和服务，以获得长期的高额利润。具体来说，就是向潜在客户派遣2～3人的团队，对该公司进行彻底调查，然后根据所获得的信息，为客户定制专用产品和服务。

这个盈利模式的要点是需要花费时间和精力，掌握客户固有的全部信息，把短期的损失视为投资，旨在获得长期利润。一部分商务咨询公司就使用这种模式为大公司提供服务。

（2）产品金字塔盈利模式

把本公司的产品群打造成金字塔，在金字塔的最底层放置其他公司与本公司无法轻易抗衡的低价产品，忽视此部分产品的利润，通过金字塔上层的高价产品群来创造收益。

以芭比娃娃为例，最底层的产品当时只卖二三十美元。这层的芭比娃娃并不赚钱，带来利润的是上层标价一两百美元的芭比娃娃市场。成年人如果有小时候与廉价芭比娃娃一起玩耍的记忆，就会愿意购买豪华版的芭比娃娃。

（3）多元组合盈利模式

这是同一种产品用各种组合（形式）销售并产生利润的盈利模式。

以可乐为例，它在超市的售价约为2升100日元，在餐厅里350毫升卖300~500日元，在自动售货机里500毫升卖150日元。

可见利润的一大半来自餐厅和自动售货机。因为不同客户对可乐的价格敏感性不同，所以即使是同样的产品，也可以根据人们购买频率的高低来改变售价，实现收益的最大化。

（4）配电盘盈利模式

这是一种通过占据巨大市场份额、取得议价权来盈利的模式。例如，有一个将电视界非常普遍的“一揽子营销”模式引入美国好莱坞电影界的事例。具体来说，该模式就是指经纪人将编剧、主演、导演、配角阵容全部打包后，整体销售给制作公司。

经纪人为了组织团队，需要获取电影领域最重要的优秀剧本，以此增强对演员的吸引力。同时，通过招募演员来增强团队与电影制作公司的议价能力。如果演员数量增加，对电影制作公司的影响力也会更大，当超过临界点时，就会产生影响力不断扩大的良性循环。

（5）速度盈利模式

这是一种把具有魅力的产品抢先投入市场，在第二、第三波产品上市之前先盈利的模式。英特尔公司就是一个例子。通过开发新的半导体产品芯片，并将其最先推向市场，从而持续获取利润。

（6）杰出范例盈利模式

这是一种以开发杰出产品为目标的盈利模式，适用于旨在开发能在世界范围内推广药物的制药公司。为了开发出杰出产品，需要投入研究开发资金，并讨论各种各样的措施，尽可能提高研究开发的成功率。

为了提高成功率，管理方式的优劣成为影响该模式的最大因素。例如：①在主要项目中加入对备份产品的研究；②即使主要项目失败了，也要将反思教训运用到下一次产品开发中；③预先建立多个产品开发投资组合等。

（7）利润增值模式

这是一项利用技术或权利创造几倍利润的模式。例如，迪士尼角色的周边产品就是一个通俗易懂的例子。

它与多元组合盈利模式的不同之处在于，它通过从原始资产中派生出的不同产品来创造利润。

也许初期的开发费用比较高，但可以将开发后的产品运用到各种各样的地方，反而会带来成本的降低，增加创造巨大利润的可能性。

（8）企业家盈利模式

这种模式，就像笔者之前所在的瑞可利集团所实行的一样，通过让每个员工都拥有企业家精神，最终实现盈利。听说在瑞可利集团上市的时候，关于它所倡导的企业家精神及其支持的结构等内容在欧美国家的机构投资者中很受欢迎。

（9）专业化盈利模式

该模式是指选择特定的业务领域，调查本公司提供服务的成本、客户的业务流程及成本，并掌握它们的数值。根据这些数据，削减运营成本，从而提供比竞争公司更有优势的价格。

专业化的公司能够创建其提供产品和服务的详细清单，并且能设定更合理的价格。

美国电子数据系统公司（EDS）可以作为其代表。另外机械加工制品公司米思米（Misumi）也运用的这种模式。

（10）核心组件的盈利模式

这是一种非常著名的模式。不通过最初销售的产品，而是依靠之后与其配套的消耗品等来盈利。这样的组合有剃须刀主体和替换刀片、复印机主体和复印纸及墨水、净水器主体和过滤器、电动牙刷和新刷头等。

最初购买商品主体的时候，买方具有选择权，但在购买该商品之后，主导权就握在了卖方手中。

（11）事实标准盈利模式

这个模式也很容易理解。该模式的典型代表是GAFA［谷歌（Google）、苹果（Apple）、脸书（Facebook）、亚马逊（Amazon）］和微软公司。这种模式一旦成为事实，即其产品有足够多的客户使用和认可，成为行业标准，营销成本就会非常低，利润就会不断增加。

（12）品牌盈利模式

这是一种品牌溢价的模式。很容易通过该模式理解欧洲奢侈品牌的盈利模式，他们通过创建品牌，当品牌名称具备附加价值、获得竞争优势时，商品就能因此涨价，最终获取高额利润。为了树立品牌，需要耗费漫长的时间、投入巨大的营销成本，但是如果好好利用品牌，就能组建各种各样的盈利模式。

（13）专业产品盈利模式

这是一种可以通过具有专业性的新产品（独特的利基产品[①]）获得比通用产品更高溢价的盈利模式。对于如何持续生产下一个利基产品，研发领域的管理至关重要。有“全球专业第一”之称的那些公司就适用于此模式。

（14）本土领导力盈利模式

这是在本土特定区域获取大规模市场份额的模式，公司在一定区域内集中开店，并驱逐该区域同行业的其他公司。通过店铺集聚，既

---

① 利基产品：指该产品表现出来的许多独特利益有别于其他产品，同时也能得到消费者的认可。——译者注

能降低配送和管理成本，也能控制促销和宣传费用。星巴克和沃尔玛在城市的所有热门地段开设店铺使用的就是该模式。

（15）交易规模盈利模式

交易规模越大，单件商品的销售额增幅就会超过其成本增幅。广告代理商就是典型的例子。在该模式中，能否与大客户建立关系成了最重要的影响因素。不仅在交易开始之前，在交易开始之后如何与客户保持密切联系也非常重要。

（16）价值链控制点盈利模式

这是一种通过定位价值链中最重要的节点来创造巨大利润的模式。通过倒微笑曲线和微笑曲线就很容易理解该模型。

纵轴表示附加价值，横轴表示制造业的业务流程，从左到右依次为“研究”“开发”“制造”“销售”和“售后服务”。过去，制造业的第3个阶段“制造”的附加价值很高，表示制造业的利润很高，用倒微笑曲线表示。

但是，随着全球化的发展，第1个阶段“研究”和第5个阶段“售后服务”的附加值提升，而第3个阶段“制造”的附加值显著下降。其中，苹果等公司就是典型的例子。该类公司只由内部人员负责开发、设计，除此之外的工作全部选择外包。

（17）经济周期盈利模式

该模式可以预测经济周期，如果在经济周期达到高峰之前“踩刹车”、达到谷底之前“踩油门”，利润就会大幅提高。过去，笔者在负责招聘业务的事业策划人员时，就有意识地在该模式的基础上开展业务。具体来说，就是在经济周期到来之前控制经营力度的强弱。

（18）售后市场盈利模式

如果商品的价格高且变动范围大，还具有多样的选择性，那么客

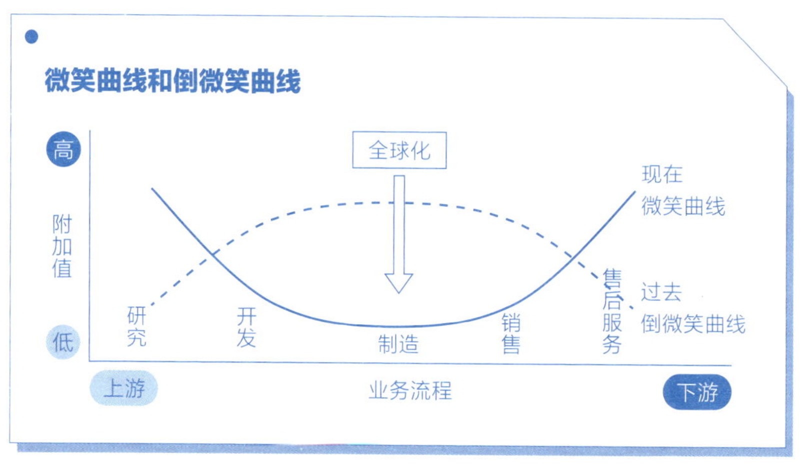

户对该商品的价格敏感度就会变高。相反，价格便宜且变动范围小，还没有较多选择的情况下，客户对该商品价格的敏感度就会降低。

个人电脑、私家车、工业器械等产品的交易是在买方对价格最为敏感的范围内。买方希望以尽可能低的价格获取商品。

但当最初的交易达成时，就会产生之前不存在的后续产品需求。与前者不同，人们对这些商品的价格敏感度相对较低。

在前文“核心组件的盈利模式”中，只有产品制造商能获得利润，而在这个“售后市场盈利模式”中，不仅是产品制造商，其他参与者也能从中获利。这就相当于是私家车与轮胎批发商之间的关系。

（19）新产品盈利模式

使用该模式的公司必须要能理解销售利润图中两条曲线的关系。销售利润图中的其中一条曲线是销售额增长曲线。起初新产品销售比较困难，但随着时间的推移，一旦超过某个阈值，就会迎来爆发式销售，之后又随着时间的推移，销售增速渐渐放缓。一般用S曲线来描述这种现象。另一条曲线是利润曲线。最初利润很低，历经中间的大幅增长，最后又大幅回落。如果销售额增长放缓，可以通过立即放弃该产品、转向新产品来获得巨大利润。过去，汽车型号的定期换代就是该模式的典型例子。

（20）相对市场占有率盈利模式

由于相对市场占有率高的公司能在制造、采购方面产生规模经济效应[1]，因而具有成本竞争力。它们能在市场营销和宣传活动中使用自己的资源，最大限度地降低单个产品的成本、间接费用和研究开发费用的支出。

该模式中的“相对性”是指，如何确定本公司能轻易取胜并占据市场份额的势力范围及领域是提高相对市场占有率的关键。如果能在特定产品群、特定客户群、特定区域等提高相对市场占有率，那么就会获得上述优势，从而加速利润增长。

（21）经验曲线盈利模式

所谓经验曲线盈利模式，就是指随着劳动者经验的积累，制造单位产品所需的时间减少、单位成本降低、利润率提升的模式。

（22）低成本商业设计盈利模式

这是一种通过压倒性的低成本运营来创造利润的模式。如果说经验曲线盈利模式是通过积累经验来实现低成本的，那么低成本商业设计盈利模式就是通过完全淘汰市场原有商业模式来实现的。

美国西南航空公司就是典型的例子。早在航空业普遍以辐射方式连接枢纽机场和各城市机场（即利用中心辐射模型）的时代，美国西南航空公司就成功实现了大城市第二机场之间的相互连通。

（23）数字化转型盈利模式

这是一种通过数字化转型，使生产效率提高数十倍从而获得利润

① 规模经济效应：指适度的规模所产生的最佳经济效益。——译者注

的模式。该模式已成为如今公司发展的必备条件。

为了便于你的阅读，笔者在此将23种盈利模式进行了总结，如下所示。

23 种盈利模式

盈利模型	举例
客户个性化解决方案盈利模式	商务咨询
产品金字塔盈利模式	芭比娃娃
多元组合盈利模式	可口可乐
配电盘盈利模式	迈克尔·奥维茨[①]
速度盈利模式	英特尔公司
杰出范例盈利模式	大型制药公司
利润增值模式	迪士尼卡通人物
企业家盈利模式	瑞可利
专业化盈利模式	美国电子数据系统公司 米思米精密机械贸易有限公司
核心组件的盈利模式	一次性剃须刀、复印机
事实标准盈利模式	微软、GAFA
品牌盈利模式	奢侈品牌
专业产品盈利模式	全球专业第一
本土领导力盈利模式	星巴克、沃尔玛
交易规模盈利模式	广告代理商
价值链控制点盈利模式	苹果公司、微软公司、英特尔公司
经济周期盈利模式	丰田汽车
售后市场盈利模式	汽车售后服务
新产品盈利模式	汽车
相对市场占有率盈利模式	三星公司、苹果公司
经验曲线盈利模式	大疆无人机
低成本商业设计盈利模式	低成本航空
数字化转型盈利模式	所有产业

① 迈克尔·奥维茨：好莱坞顶级经纪公司创新艺术家经纪公司的掌门人。——译者注

第3章

熟练运用数字进行判断

在商务领域里充满着各种各样的数字。人们常被要求根据数字做出各类判断。虽然只是数字，但也不容小觑。笔者在商务技巧15中提到过，世界上有两种笨蛋，一种是认为透过数字可以了解一切的笨蛋，另一种是认为透过数字什么都无法知道的笨蛋。笔者自己有很多关于市场营销、调查、促销、会计管理和数据处理的工作经验，如果凭经验来看，笔者认为依靠数字能够掌握事情的7~8成。特别是在到达新岗位或第一次开展某项工作的时候，通过数字掌握整体框架、提前了解什么是重点非常重要。

笔者认为本章对以下人群有所帮助。

☑ 一听到数字就感到排斥的人。
☑ 不知道怎么解读数字的人。
☑ 不知道应该如何阅读数据表的人。
☑ 想学习财务报表最基础知识的人。

本章将介绍解决这些问题所需的9个商务技巧。因为商务技巧25~28之间的内容具有关联性，所以建议你按顺序阅读。

㉕ 分组及可靠性确认。
㉖ 合计和平均。
㉗ 项目间的除法。
㉘ 添加信息。
㉙ 资产负债表的阅读方法。
㉚ 损益表的阅读方法。
㉛ 现金流量表的阅读方法。
㉜ 客户分类法。
㉝ 盈亏平衡点及其降低方法。

商务技巧25：分组及可靠性确认
把数字信息整理成易于阅读的形式

数据报表的阅读方法中有很多要点。笔者认为通过介绍具体案例来解释比理论说明更容易理解。因此，笔者将在下文中介绍根据实际数据解读数据报表的方法。

作为例子，请你试着思考“在新区域设立营业场所”的案例。在此，假定贵公司是将产品批发销售给商店的贸易公司。

为了便于理解，把营业场所的候选地设为A、B、C、D。在这4个地区，贵公司的竞争对手均已开展了相关业务。你必须通过数据，从这四处选出最适合设立营业场所的地区。

给出的数据如下：

A：人口（30万人）
目标客户店铺数（200家）　目标客户销售额（80亿日元）
竞争对手已交易店铺数（15家）　竞争对手交易额（2.00亿日元）
竞争对手销售人数（3名）

B：人口（40万人）
目标客户店铺数（500家）　目标客户销售额（300亿日元）
竞争对手已交易店铺数（50家）　竞争对手交易额（4.00亿日元）
竞争对手销售人数（5名）

C：人口（35万人）
目标客户店铺数（350家）　目标客户销售额（100亿日元）

竞争对手已交易店铺数（40家） 竞争对手交易额（3.50亿日元）
竞争对手销售人数（4名）

D：人口（20万人）
目标客户店铺数（250家） 目标客户销售额（250亿日元）

对数字进行分组

地区	A	B	C	D
人口/万人	30	40	35	20
目标客户店铺数/家	200	500	350	250
目标客户销售额/亿日元	80	300	100	250
竞争对手已交易店铺数/家	15	50	40	60
竞争对手交易额/亿日元	2.00	4.00	3.50	2.50
竞争对手销售人数/人	3	5	4	3

- 分组
- 确认可靠性

地区		A	B	C	D
市场信息	人口/万人	30	40	35	20
客户信息	目标客户店铺数/家	200	500	350	250
	目标客户销售额/亿日元	80	300	100	250
竞争信息	竞争对手已交易店铺数/家	15	50	40	60
	竞争对手交易额/亿日元	2.00	4.00	3.50	2.50
	竞争对手销售人数/人	3	5	4	3

竞争对手已交易店铺数（60家） 竞争对手交易额（2.50亿日元）
竞争对手销售人数（3名）

首先通过分组整理信息

那么，你首先应该做什么呢？对于确实不擅长数字的人来说，看到这些的确会感到头疼万分。又或者，他们会在连方向都没有确定的情况下就开始长篇大论。

因为分条列举很难进行比较，所以正确的做法是先将上述分条列举的数字制作成数据表格。当然，即使已经使用了数据表格，也不可能立即从中读取数字。

在读取数字之前要先对信息进行整理。具体来说，就是进行项目分组。即对上述的人口、目标客户店铺数、目标客户销售额、竞争对手已交易店铺数、竞争对手交易额、竞争对手销售人数这6个项目的数据进行分组。

分组的方法有好几种，在此将其分为市场信息、客户信息和竞争信息3类。也就是说，人口就是市场信息；目标客户店铺数、目标客户销售额这2个属于客户信息；剩下的竞争对手已交易店铺数、竞争对手交易额、竞争对手销售人数则为竞争信息。这么看来，我们所掌握的信息就来源于这3 个方面。

确认数字的可靠性

那么，接下来应该做什么呢？在读取数字之前还有一件必须做的事，就是确认数字的可靠性。

如果数字本身不正确，之后的研究就没有意义。也许你觉得数字本身一般不会出错，但实际上意外却经常发生。

事情发生在笔者担任瑞可利研究所某调查团队负责人的时候。当时，笔者从一家调查公司收到了某调查结果的报告。笔者认为该报告内容有误，而虽然笔者是该调查团队的负责人，但调查经验尚浅，所以笔者小心翼翼地向对方提出了疑问（对方是调查领域的专家）。出人意料的是，对方确实把调查的前提条件弄错了，当然，之后的分析研究也就没有了意义。最后，那个调查报告会议延期了。

此外，笔者还经历过不是因为数字本身，而是由于没有确认数字可靠性而引起的大骚动。笔者在大学时期学习的是材料学，当时世界上最尖端的材料研究人员正在绞尽脑汁地寻找能够实现“常温超导”的材料。

超导是指导体在通电时电阻无限接近于零、能够储存电能的状态，十分具有前瞻性。超导技术就是将各种组合材料混合在一起，将其烘烤（烧结），确认其是否具有超导性质。那时，从其他国家传来的消息称常温超导的材料研究成功了。

在日本当时已经几乎买不到那种特殊材料了，它早已被日本的相关研究人员抢购一空。他们想使用含该材料的各种组合来制造其他能实现常温超导的材料，争当“第2只泥鳅[①]”。但随后刊载该理论的论文被证明有误，作者将文中的元素名称搞错了。

即使是研究常温超导材料的最尖端技术人员，也没想到数字竟然出了错。所以，请你在读取数字时，一定要养成检查其是否正确的习惯。

虽然本案例的数字是可以信赖的，但也请你一定要养成确认其正确与否的习惯。确认数字的可靠性，虽然也可以在梳理项目之前完成，但从经验上来说，在进行数字分组之后再确认会容易得多。

① 第2只泥鳅：比喻第2个成功者。——译者注

商务技巧 26：合计和平均
推断可以作为判断依据的数字

在经过分组和确认可靠性之后，终于到了解读数字这一步。笔者再强调一遍，在完成以上两个步骤之前，不要对数字进行更改或计算，因为“欲速则不达”。

笔者将在下文中介绍具体的内容。即使只是对数字进行确认，在读取各类数字之前，也需要对其进行简单的计算。

先用加法算合计数

第一步是加法。

对这4个地区的各项数字进行合计，结果如下。

人口：30万+40万+35万+20万=125万人。

目标客户店铺数：200家+500家+350家+250家=1300家。

目标客户销售额：80亿+300亿+100亿+250亿=730亿日元。

竞争对手已交易店铺数：15家+50家+40家+ 60家=165家。

竞争对手交易额：2亿+4亿+3.50亿+2.50亿=12亿日元。

竞争对手销售人数：3名+5名+4名+3名=15名。

从这些数字中你可以看出什么呢？可以知道目标地区A~D这四个地区的合计数，也就是目标市场的整体潜力（可能性）。例如，虽然目标店铺数有1300家，但是其中与竞争对手进行交易的店铺数只有165家。也就是说，有1300家-165家=1135家店铺与竞争对手没有进行交易。这难道不能说明这个市场具有巨大的可能性吗？

用除法算平均数

接下来是除法。

我们用加法得出的市场合计数除以表示A~D4个地区的个数4，得出这4个地区的平均数。

人口的平均数：125万÷4≈31万人。

目标客户店铺数的平均数：1300÷4＝325家。

目标客户销售额的平均数：730亿÷4≈183亿日元。

竞争对手已交易店铺数的平均数：165÷4≈41家。

竞争对手交易额的平均数：12亿÷4＝3亿日元。

竞争对手销售人数的平均数：15÷4≈4人。

从此处可以得到什么呢？可以大致推算出在某个区域开展业务的可能性。也就是说，如果我们投入4名销售员，并与41家店铺达成交易，那么预计的销售额将达到3亿日元。

当然，营业场所刚成立的时候，还需要相关人员具备相应的运营能力，所以也许第一年与公司达成交易的客户公司数量和交易额都达不到该水平。但这可以作为标准的数字用来参考。

比较平均数和A~D各项数字

最后，通过将A~D的各项数字与平均数进行比较，就可以得出地区选择的标准。如果将平均数以上的情况表示为“○”，与平均水平大致相当的情况表示为“△”，不到平均数的情况表示为“×”，结果如下所示。

人口：A“△”，B“○”，C“○”，D“×”

目标客户店铺数：A“×”，B“O”，C“△”，D“×”

目标客户销售额：A“×”，B“O”，C“×”，D“O”

竞争对手已交易店铺数：A“×”，B“O”，C“△”，D“O”

竞争对手交易额：A“×”，B“O”，C“O”，D“×”

竞争对手销售人数：A“×”，B“O”，C“△”，D“×”

仅凭这些数字，就可以对A~D地区进行简单的判断。对于人口，人多的区域应该比较有利，因为人们购买商品的可能性更高；目标客户店铺数也是一样。而对于目标客户销售额，也应该是销售额高的区域更好。

对于竞争对手已交易店铺数、竞争对手交易额和竞争对手销售人数，从市场规模的角度来看，数字大的区域更有利；但从市场渗透程度的角度来看，数字小的应该会更好。

这么一来，从市场的观点考虑的话，全部被标为“O”的B地区便成了候选地。但这样做决定真的没问题吗？还需要进行进一步分析。

为了便于你的阅读，笔者将合计数与平均数进行了总结，请见下表。

计算合计数与平均数

项目		地区				合计数	平均数
		A	B	C	D		
市场信息	人口/万人	30	40	35	20	125	31
客户信息	目标客户店铺数/家	200	500	350	250	1300	325
	目标客户销售额/亿日元	80	300	100	250	730	183
竞争信息	竞争对手已交易店铺数/家	15	50	40	60	165	41
	竞争对手交易额/亿日元	2.00	4.00	3.50	2.50	12.00	3.00
	竞争对手销售人数/人	3	5	4	3	15	4

商务技巧 27：项目间的除法

探寻数字的意义和关联性

接下来将在给定项目之间运用除法。

目前掌握的信息来自人口、目标客户店铺数、目标客户销售额、竞争对手已交易店铺数、竞争对手交易额、竞争对手销售人数6个项目，此时项目之间的除法共有6 × 5=30种必要组合。

但是，有实际意义的只有其中几种。

确定选择哪种组合需要一定的经验。在实际计算之前，请试着思考该公式代表的意义。

例如，如果计算“人口 ÷ 目标客户店铺数”，计算出的结果表示的是店均人数，也许它更便于比较每家店铺的销售能力。

如果计算“目标客户销售额 ÷ 目标客户店铺数”，计算出的结果表示的是店均销售额。如果向客户提供的是促销或广告宣传的服务，那么销售额高的地区达成交易的可能性也会增加。

如果计算“目标客户销售额 ÷ 人口”，计算出的结果表示的是客户人均销售额，它代表了客户的购买力。

接着，再给竞争对手的数据做除法。例如，若计算“竞争对手已交易店铺数 ÷ 目标客户店铺数”，计算出的结果表示的是客户交易率，它是分析竞争对手在市场渗透程度的指标。如果计算“竞争对手交易额 ÷ 竞争对手销售人数”，计算出的结果表示的是竞争对手人均销售额，以此可以类推竞争对手的经营规模。

虽然可以对各种各样的组合进行除法运算，但你只需集中计算那些具有现实意义的组合。

从除法开始具体分析

下面，就以上文的具体数字为例用除法进行计算。

店均人数：A地区1500人、B地区800人、C地区1000人、D地区800人、A~D地区平均约962人。

店均销售额：A地区4000万日元、B地区6000万日元、C地区2900万日元、D地区1亿日元、A~D地区平均约5615万日元。

客户人均销售额：A地区2.7万日元、B地区7.5万日元、C地区2.9万日元、D地区12.5万日元、A~D地区平均约5.8万日元。

竞争对手客户交易率：A地区8%、B地区10%、C地区11%、D地区24%、A~D地区平均约13%。

竞争对手人均销售额：A地区6700万日元、B地区8000万日元、C地区8800万日元、D地区8300万日元、A~D地区平均8000万日元。

在观察全体数字的时候，你会觉得B地区似乎不错。但是，如果尝试在项目之间进行除法运算，你就会发现情况发生了变化。

例如，D地区的店均销售额比其他地区高出1.5~3倍，但表示每家店铺客户人数的店均人数却低至800人，而客户人均销售额又高达

12.5万日元，是所有地区中金额最高的。

假设本公司的商品价格昂贵，并且面向特定客户销售，那么可以说D地区是比较有潜力的地区。但是，它的竞争对手客户交易率为24%，与其他地区相比较高，如果没有强大的产品和强有力的运营支持，本公司要想扩大销售额可能会很困难。

A地区店均人数为1500人，虽然比其他地区多，但店均销售额低至4000万日元，客户人均销售额也仅为2.7万日元。实际上，竞争对手似乎也在经历苦战，竞争对手客户交易率只有8%，竞争对手销售人均销售额也只有6700万日元，处于4个地区的最低水平。

如果你直接读取这些数字，似乎会觉得该行业销售的商品并不适合该地区。但这可能只是因为竞争对手的商品不符合客户的需求。通过这些定性信息的添加，可以进一步缩小设定营业场所的范围。

C地区是个不可思议的地方。因为它的店均销售额、店均人数、客户人均销售额等市场信息表现出来的数字都不理想。但是，竞争对手销售人均销售额却高达8800万日元，是所有地区最高的。也就是说，也许能在该地区进行极为高效的销售活动。

为了便于你的阅读，笔者将除法的数字进行了总结，如下所示。

在项目之间运用除法

项目		地区				合计数	平均数
		A	B	C	D		
市场信息	人口/万人	30	40	35	20	125	31
客户信息	目标客户店铺数/家	200	500	350	250	1300	325
	目标客户销售额/亿日元	80	300	100	250	730	183
竞争信息	竞争对手已交易店铺数/家	15	50	40	60	165	41
	竞争对手交易额/亿日元	2.00	4.00	3.50	2.50	12.00	3.00
	竞争对手销售人数/人	3	5	4	3	15	4
客户	店均人数/（人/家）	1500	800	1000	800	—	962
	店均销售额/（万日元/家）	4000	6000	2900	10000	—	5615
	人均店铺销售额/（万日元/人）	2.70	7.50	2.90	12.50	—	5.80
竞争对手	客户交易率/%	8	10	11	24	—	13
	销售员人均销售额/（万日元/人）	6700	8000	8800	8300	—	8000

商务技巧 28：添加信息

以营业利润为基础进行模拟，做出最终决定

至此，笔者已经通过加工事先得到的信息，计算出了用于决定“营业场所候选地”的数字信息。具体来说，计算了数据的合计数、平均数，并在现有数据之间进行了除法运算。

在此，为了进一步提高判断的准确性，笔者想添加一些信息。

首先，A～D地区是怎样的地方？

因为这里没有事实信息，所以为了方便，假定A地区和D地区是“城郊住宅区”，B地区和C地区为“商业区”。在实际场合中，这些信息是从官方主页或其他各种途径得到的，但是此处并不需要特别依据该信息做出判断，所以暂时将其省略。

言归正传，这次的主题是在A～D地区中，选择最适合设立新营业场所的地方。什么才是最适合的呢？截至目前，笔者已经分析了市场规模、客户潜力或竞争状况。但因为公司的最终目的是获得收益，所以有必要确认在这些地区开店是否真的能盈利。

因为竞争对手的相关数据较难得到，所以可以尝试模拟推算。现在能得到其销售数据，据此可以推断出必要的总成本。总成本主要包含生产经营管理费用和产品成本，其中生产经营管理费用中占比较大的应该是人工费、经费、一般管理费。现在已知的只有销售人数和销售额。但在竞争对手的实际经营中，还存在经营管理人员以及总务人员等。

实际计算中，你可以参考本公司的数字进行推断，但这里为了简便计算，笔者将人工费、经费、一般管理费设定为每个销售员人均1500万日元，这数字包含了上述管理人员和总务人员的费用。

同时，假定产品成本为销售额的70%。

计算过程如下：

销售额：A地区2.00亿日元、B地区4.00亿日元、C地区3.50亿日元、D地区2.50亿日元。

根据产品成本=销售额×70%可知，

产品成本：A地区1.40亿日元、B地区2.80亿日元、C地区2.45亿日元、D地区1.75亿日元。

根据费用= 1500万日元/人 × 竞争对手销售人数可知，

费用：A地区0.45亿日元、B地区0.75亿日元、C地区0.60亿日元、D地区0.45亿日元。

如果用营业利润（营业利润=销售额-成本-费用）来比较，则得到

A地区1500万日元、B地区4500万日元、C地区4500万日元、D地区3000万日元。

对于B地区和C地区，由于它们数字相同，所以需要再进一步进行分析。

也许最开始有人会认为B地区在所有地区中是一枝独秀，但在以营业利润为基础的模拟中，C地区所展现的数字与其相同。当然在实际场景中，有必要对此进行更详细的模拟分析。但即使是现在这个阶段的模拟，也能判断一个地区是否具备详细分析的价值。

至此，数据报表的读取方法介绍完毕。

最后，笔者再一次对读取数字的步骤进行归纳。

【解读数字的步骤】

①罗列数字，首先要制作数据表格，便于对其进行直观比较。

②看到数据表后，不要立即读取数字，而是要对项目进行分组，确认表格本身填写的内容，即明确这是什么表。

③确认数字的可靠性。如果数字的可靠性低，就无须再进行进一步研究。

④进行加法运算。计算水平总和（每行求和）和垂直总和（每列求和）。

⑤计算平均数。算出水平总和的平均数。

⑥比较平均数和各项目数字。

⑦项目相除。选择有实际意义的除法进行计算、加工。

⑧添加定性信息。

⑨添加你知道的定量信息。

⑩必要时，添加假设数据，对利润进行模拟计算。

业余人士只根据给定的信息判断事物；而专业人士，则会对提供的信息进行处理，并调动自己所知道的一切知识进行判断。如果你自身掌握的信息不够充分，也可以从周围的人那里收集附加信息来做出判断。

为了便于你的阅读，笔者将添加的信息进行了总结，如下所示。

添加信息

项目		地区				合计数	平均数
		A 城郊住宅区	B 商业区	C 商业区	D 城郊住宅区		
市场信息	人口/万人	30	40	35	20	125	31
客户信息	目标客户店铺数/家	200	500	350	250	1300	325
	目标客户销售额/亿日元	80	300	100	250	730	183
竞争信息	竞争对手已交易店铺数/家	15	50	40	60	165	41
	竞争对手交易额/亿日元	2.00	4.00	3.50	2.50	12.00	3.00
	竞争对手销售人数/人	3	5	4	3	15	4
客户	店均人数/（人/家）	1500	800	1000	800	—	962
	店均销售额/（万日元/家）	4000	6000	2900	10000	—	5615
	人均店铺销售额/（万日元/人）	2.70	7.50	2.90	12.50	—	5.80
竞争对手	客户交易率/%	8	10	11	24	—	13
	销售员人均销售额/（万日元/人）	6700	8000	8800	8300	—	8000
竞争对手	假设人均费用为1500万/（亿日元/人）	0.45	0.75	0.60	0.45	2.25	0.56
	假设产品成本为销售额的70%/亿日元	1.40	2.80	2.45	1.75	8.40	2.10
	预计营业利润/万日元	1500	4500	4500	3000	13500	3375

商务技巧29：资产负债表的阅读方法

衡量公司稳定程度的最重要指标

下面，笔者将介绍财务报表的阅读方法。也许有些不擅长数字的人，一听到“财务报表”几个字就会感到排斥。确实，专业学习需要非常深入的知识，这一点可以交给专业书籍，笔者只是想针对商务人士应该掌握的基础信息进行说明。

第一个报表是资产负债表（BS，Balance Sheet）。对于那些不熟悉资产负债表的人来说，该术语可能比较难理解。因此，笔者先说明一下资产负债表的基本结构。

资产负债表的基本结构

资产负债表由左右和上下4个分区构成。首先是左右分区，右侧表示的是资金从哪里筹措而来，即“资金的来源”；左侧表示的是该资金现在的情况，即“资产的状态”。

观察右侧分区的上下部分，会发现右上方的内容是“负债”，也就是从他人处借得的资金。并且该“负债”又在上下侧分为两个类型，即必须立即（1年内）偿还的“流动负债”和可在1年以上并可能提前偿还的“固定负债”。

右下方的内容是“资本[①]”，即股东提供的资金，被称为股东权益，无须返还。也就是说，资产负债表的右侧是按资金偿还的紧急程度高低从上往下排列的。

① 即“所有者权益”或“净资产”。——译者注

接着，观察左边分区。左上方的内容为“流动资产”，表示1年内可变现的资产。左下方的内容是“固定资产”，表示开展业务所需的机器、土地等通常不能变现的资产。左侧分区的上下部分是根据变现的时间来分类的。

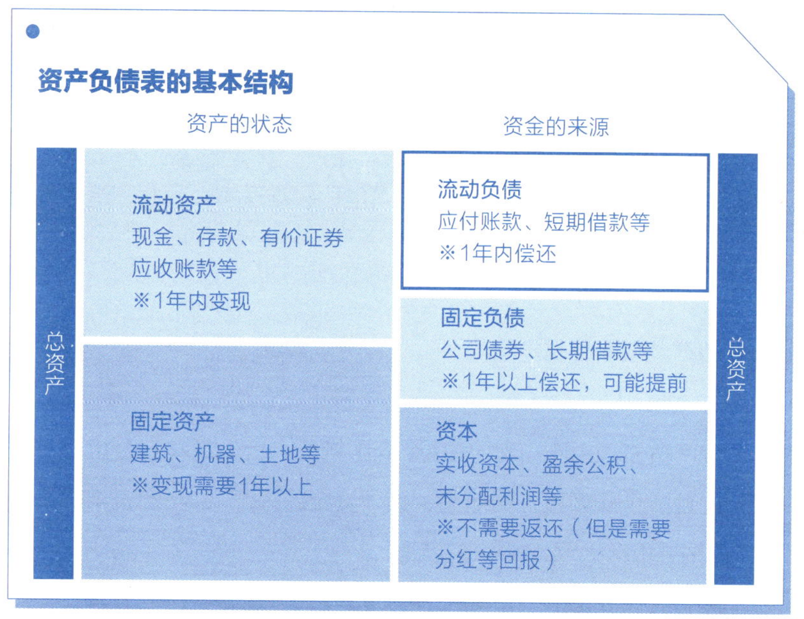

关于资产负债表，只要知道这些基础知识就能对其进行最基本的分析。然后，通过对这些数值进行除法计算，就能得到各种信息。下面，笔者将对此进行验证。

从资产负债表类推企业的偿付能力

首先，笔者来验证这家企业的偿付能力。前文中提到的“流动负债”是指1年内必须偿还的资金，如果企业不能偿还资金就是拒付，若发生2次这种情况企业就会破产。

偿还“流动负债”的资金来源是“流动资产”，这是1年内可以变现的资产，于是“流动资产”便成为偿还资金的来源。

两者的比例，即相除之后的值（流动资产÷流动负债）被称为“流动比率”，用来体现企业的偿付能力。例如，流动资产为80亿日元、流动负债为45亿日元的话，则流动比率为（80÷45）×100%=178%。

也就是说，与1年内需要偿还的“流动负债”相比，1年内可变现的“流动资产”是其1.78倍。一般来说，普遍标准认为表示偿付能力的“流动比率”的合格标准在150%以上，所以178%这个数值是完全合格的。

从资产负债表分析企业的稳定程度

下面来看看企业的稳定程度的表现方式。这一点要从资产负债表的右侧判断。“负债”（流动负债+固定负债）是企业需要偿还他人的资金，而“股东权益”则不需要企业返还。

如果需要企业偿还的资金比例过高，企业就会变得不稳定，股东权益占全部资本（负债+股东权益）的比例被称为“自有资本比率”，其标准在50%以上。例如，企业的全部资本为130亿日元，股东权益为75亿日元，则自有资本比率为57.7%，该数值大于50%，可以说处于稳定范围内。

另一个分析企业稳定性程度的方法是比较资产负债表下方的左右两部分内容。位于左下方的“固定资产”是指业务发展中不可缺少的机器设备和土地等。如果这些需要用企业必须偿还的“负债”来提供，企业的经营就会不稳定。因此，把“固定资产”作为分子、把“股东权益”作为分母，用除法计算，结果表示“固定比率[①]”，它的

① 即“固定资产对股东权益比率”。——译者注

标准是小于100%。

另外，若分母在“股东权益”的基础上增加“固定负债”，其比值被称为对企业的要求稍微宽松些的“固定长期适合率”，它的标准是小于100%。

多个资产负债表的比较方法

最后，笔者介绍一下多个资产负债表的比较方法。

在和同一家企业几年前的情况进行比较，或是与同行业的其他企业进行比较时，会涉及多个资产负债表。通过计算资产负债表左右两

把数值变成构成比例

资产的状态　资金的来源　（单位：亿日元）

	资产的状态		资金的来源		
1年内可以变现	流动资产	80	流动负债	45	从他人处借得
	现金、存款等	40	借款债务	15	
	应收账款等	20	短期借款等	3	
	存货等	20	固定负债	10	
用于发展业务的资产	固定资产	50	股东权益	75	股东出资
	有形固定资产	30	实收资本	30	
	无形固定资产+投资	20	盈余公积+未分配利润	45	

如果转换成构成比例

流动资产 61.5%	现金存款	30.7%	借贷债务	11.5%	流动负债 34.6%
			短期借款等	23.1%	
	应收账款等	15.4%	固定负债	7.7%	固定负债
	存货等	15.4%	实收资本	23.1%	股东权益 57.7%
固定资产 38.5%	有形固定资产	23.1%	盈余公积+未分配利润	34.6%	
	无形固定资产+投资	15.4%			

流动负债：需要1年内偿还

固定负债：1年以上且可提前偿还

边内容的构成比例，操作将变得容易。

通过把数值变成构成比例，可以直观地掌握流动比率、自有资本比率、固定比率和固定长期适合率等比值所表示的内容。虽然你还需要进行一些数据处理，但这是一种有效的方法，推荐你在阅读资产负债表的时候使用。

商务技巧 30：损益表的阅读方法

凸显企业实力的重要指标

下面我们来看看损益表（PL，Profit and Loss statement）。损益表表示公司当期获得了多少收益，产生了多少费用，并且扣除费用后获得了多少利润，其中记录了5种利润。

这5种利润如下：

①销售总利润（毛利润）= 销售收入-销售成本。

②营业利润 = 销售总利润（毛利润）-销售费用及一般管理费。

③经常性利润 = 营业利润+营业外收入-营业外支出。

④税前利润 = 经常性利润+非常收入-非常损失。

⑤当期利润 = 税前利润-（企业所得税+居民税[①]+营业税）。

仅凭这样的公式表示还不能让你们完全理解它们的含义。

接下来，笔者分别对各种利润作详细解释。

① 居民税：指日本东京都、各道府县和市町村对各自管辖的个人和法人征收的一种地方税。——译者注

表示盈利能力的“销售总利润”

先从销售总利润开始说明，它的计算方法是“销售收入–销售成本”。销售收入是指该公司通过主营业务获得的收益，比如给客户提供商品和服务所得到的销售货款和报酬。但当该公司因出售未使用的土地（被人们称为“闲置资产”）而获得收益时，只要它不是房地产公司，且房地产买卖不是它的主营业务，该收益就不包含在销售总利润中。关于这一点笔者将在④税前利润中详细说明。

销售成本是指为了制造产品而消耗的费用。计算方法是“销售成本=期初存货量+本期制造成本–期末存货量”。

此处的销售总利润一般被人们称为毛利润，用来表示该产品是否有盈利能力。“销售总利润÷销售收入”表示销售毛利率，因为同一行业中不同公司的该数值常常非常接近，所以这是比较同行业中不同公司的相对方便的指标。

表示主营业务盈利能力的“营业利润”

其次是营业利润，它的计算方法为“销售总利润–销售费用及一般管理费”。销售管理费是所有非制造费用的合计，包括营业费用、公司人员工资等日常开支、研究费用、运输费用等。此处的营业利润有时也被人们称为“主营业务利润”，是表示企业主营业务盈利能力的重要指标。

另外，通过查看销售管理费的详细内容，可以了解企业主要把费用花在了销售、研究、日常开支这三者的哪个方面。

衡量公司实力的“经常性利润”

经常性利润的计算方法是在营业利润的基础上加上主营业务以外的收入，再减去主营业务以外的支出。

例如，来自银行的利息收入和股票等股息收入是典型的营业外收入。而银行贷款的利息支出是营业外支出的典型示例。经常性利润是衡量企业实力最重要的指标。特别是用“经常性利润÷销售收入”表示的经常性利润率是判断企业盈利能力的重要指标之一。

税前利润

税前利润的计算方法是经常性利润加上临时发生的非常损益。例如，土地、建筑物、机器等的出售损益、有价证券（股票等）的买卖盈亏、灾害发生造成的损失等是非常损益的典型代表。但一般企业以获得收益为目的（经营目的）而进行的证券买卖，其交易损益则计入营业外损益。

税前利润包括公司自行在财务上的损益处理。譬如，最近人们经常谈论的“不良债权处理”在哪个年度实施等问题，很大程度上取决于公司的财务战略。因此，要用此处的税前利润来评价公司的经营情况的话，必须把这些特殊情况考虑进去。

在税前利润的基础上减去企业所得税、营业税、居民税等就成了当期利润。

主营业务的实力、公司的实力可以分别用营业利润率和经常性利润率来衡量。

这些就是损益表中重要“利润”的要点。

比较损益表的构成比例

从损益表的构成比例中能进一步获取各种信息，这与资产负债表的处理方法一样。通过构成比例，可以比较多个年度的损益表，直观地掌握营业利润率和经常性利润率的变化情况。

同样，通过与行业内的优秀企业、标杆企业损益表的构成比例比较，就能很快找出本企业存在的突出问题。由此可以分析利润率的差异来源于哪类支出。

通过损益表得出的 5 种利润

	信息	数值/百万日元	比例
	销售收入	3000	100%
-	销售成本	2100	70%
	①销售总利润（毛利润）	900	30%
-	销售费用及一般管理费	600	20%
	②营业利润	300	10%
±	营业外损益	60	2%
	③经常性利润	360	12%
±	非常损益	30	1%
	④税前利润	390	13%
-	税（企业所得税、居民税、营业税）	180	6%
	⑤当期利润	210	7%

注：主营业务的实力：营业利润÷销售收入。
　　公司的实力：经常性利润÷销售收入。

商务技巧 31：现金流量表的阅读方法

体现企业经济状况的重要资料

继资产负债表、损益表之后的第3个财务报表是现金流量表（CF，Cash Flow statement）。特别是在日本经济通货紧缩的情况下，现金流量表发挥了巨大作用。

曾经的日本奉行损益表至上主义。只要销售额及利润能提高，业务运营所需的资金就都由银行提供贷款。但是，由于现在日本经济不景气，银行的态度发生了变化，不仅不提供新的贷款，就连对已贷出的资金也要以“抽贷”的名义收回。

因此，企业有必要保证自有现金流量。如果做不到这一点，就会陷入明明获得了利润却没有现金的“黑字破产”困境，即损益表中显示的利润和现金流量表中显示的现金数值不一致。

导致黑字破产的原因

为什么会发生这样的事情呢？这主要原因有2个。

一个原因是养成“赊账交易”等商业习惯。如果对实际商务场合中的金钱往来进行思考，就会觉得这一点是可以理解的。

客户购买了商品，销售企业在商品交付时将账单寄送给采购企业。在这个阶段，销售企业在损益表上记录了销售收入。但是，实际上采购公司是在内部处理完账单的1个月之后（或是以票据等形式在几个月之后支付）再支付货款的。也就是说，实际的现金入账时间要比损益表记录销售收入的时间晚一些，实际上在记录销售收入的1个月或几个月后才能收回现金。

即使销售收入有数千万日元，也会因为票据支付手续复杂和支付网站存在时间差的问题而无法及时变现，其间会产生数千万日元的支付款。过去，在销售收入转化为现金的这段时间里，有时银行会向企业提供运营资金作为紧急贷款。但是，现在银行已不会把紧急贷款提供给这种无法控制资金的企业。于是，其结果就导致了“黑字破产”。

另一个原因是会计准则。

比如“折旧”就是典型的例子。所谓“折旧”就是假设你花费6000万日元构建了一个系统。在系统构建的当年，实际支付6000万日元作为现金支出，这6000万日元会作为现金被计入现金流量表。

但是，这个系统并不仅在今年使用，可以使用6年才更新。因此在公司财务的工作中，只把6000万日元的六分之一作为本年度的费用支出，计入损益表。剩余部分作为资产被计入资产负债表，随着时间的流逝，再作为损益表的费用进行记录。

在损益表中，第2年以后（第2、3、4、5、6年）实际上就没有现金支出了，只是以费用的形式存在，其结果是利润减少了。当然，第一年则相反，虽然现金全部支出了，但是损益表上只记录了六分之一的费用，所以和实际支出的现金相比，利润增加了。如果这里出现大额支付，则会导致黑字破产。

反映资金状况的现金流量表

现金流量表是一种极为重要的财务报表，可以让你了解公司真实的资金状况。现金流量表中的现金不仅包括实际的现金（含外汇），还包括普通存款、活期存款、通知存款[①]、支票以及期限在3个月以内的定期存款。请你提前记住一个小前提，这里的“现金”并不仅指真正的现金。

另外，现金流量表记录的内容分为上中下3个部分。第1部分是经营活动产生的现金流量，指企业主营业务中产生的现金。实际的制表方法叫间接法，计算损益表和资产负债表中非现金项目的增减情况。不过此章的主题并不是介绍计算方法，所以具体的计算方法请参考专业书籍。

第2部分是投资活动产生的现金流量。从中可以了解企业新业务和设备投资的情况。也就是说，从中可以看到投资设备的现金流入和流出情况、对子公司的投资情况以及投资其他公司的现金收支情况。

第3部分是筹资活动产生的现金流量。从中可以明白企业现金的短缺是如何弥补的、多余的现金又可以投放到何处。也就是说，可以看到借款的执行和偿还、公司债券的发行和偿还、股票发行等方式是如何影响公司现金增减等的相关情况。

衡量销售收入能否有效转化为现金

最后，笔者介绍一个用现金流量衡量收益的典型指标——“销售收现率”，用销售现金流量 ÷ 销售收入来计算。从该指标可以看出销售收入是否能有效地转变为现金。

即使销售额上升，如果客户的付款期限延长，这个数值也会减少。另外，当未出售的库存商品增加时，该数值也会降低。笔者建议

① 通知存款：指不固定期限，但存款人必须预先通知银行方能提取的存款。——译者注

你们在对公司进行分析的时候，也关注一下这个数值。

商务技巧 32：客户分类法
只有了解客户才能制定策略

接下来，笔者向你们介绍客户的分类情况。提及客户分类，可能会引起一些人的不满，他们认为“客户是上帝”。

但实际上会遇到这样的情况：企业利润的80%是由只占全体客户数20%的交易额大的客户创造的。带来剩余20%利润的客户，不但带给公司的利润少，甚至可能会让企业产生赤字。虽然也可以根据客户属性来对客户进行分类，不过此处笔者要介绍的是按照客户交易记录分类的方法。

按不同的方法对客户分类

第1种方法是用与企业的交易额给客户分类。希望你不要误会，这并不表示可以忽略与企业交易额低的客户。而是当你面对一个与企业的交易额为100万日元的客户和一个交易额为1000万日元的客户时，要向前者提供价值100万日元的服务，向后者提供其价值的10倍，即1000万日元的服务。

在笔者当销售员时烦恼的问题是以何种方式对待预算为100万日元并已全部支付的客户以及预算为1000万日元但只支付了其中200万日元的客户。从营销战略上考虑的话，正确的做法是要重视已支付200万日元的客户，确保能收到其剩下的全部货款。而对于把全部预算都支付的客户，要竭尽全力为其提供价值超过100万日元的服务。这是从营销的角度（营销要点和思考方式）得出的结论。

第2种方法是根据与企业的商品交易数量给客户分类。一般来说，在与企业的交易额相同的情况下，与交易量大的客户维持关系相对容易。可以根据去年的商品交易量和商品类别对客户进行分类，对于交易量少的客户，需要考虑提高其商品交易量的营销战略。

第3种方法是先将销售额分解成“单价×数量”的形式，再对客户进行分类。在思考如何提高交易额的时候，提高商品交易单价和增加商品交易数量的营销战略是不同的。

一方面，如果要提高商品交易单价，可以考虑给客户提供比以往性能更好的商品，或者重新评估一直以来的商品折扣情况。另一方面，如果要增加商品交易数量，可以提供比之前商品单价更低且可持续销售的商品。

第4种方法是将客户分为新客户和现有客户。虽然商品具有各自特性，但只要它尚未售罄，公司就必须从新客户和现有客户两个角度着手，开展可持续销售或交叉销售（销售之前未交易过的商品）。

在经济繁荣时期，企业可以通过扩大现有客户的销售额来保证业绩增长；但在通货紧缩时期，仅靠与现有客户的交易，很难实现销售额的增长。因此，开拓新客户是非常重要的。

例如，在招聘信息方面，公司发布一定数量的新招聘信息是必不可少的，它在提高招聘企业业绩方面也具有积极作用。因为从应聘者的角度分析，如果他们看到招聘杂志总是刊登同一家公司的同一条招聘信息的话，就会失去对招聘企业的兴趣。

也就是说，为了提高企业业绩、获得客户支持，与新客户开展交易是很重要的。

第5种方法是运用RFM分类的思考方式进行分类。这种思考方式是某信用卡公司在讨论面向哪类客户开展促销活动的问题时提出的。

对于这个问题，有人说，最近使用的时间点（Recency）很重要；有人说，交易频率（Frequency）很重要；也有人说，重要的是交易金额（Monetaly Volume）。三个人都对自己的说法坚信不疑。

于是，他们就想要确认哪个因素是有效的。结果怎样呢？他们发现最近交易过、交易频率高、交易金额大的客户，其交易重复率和预期交易金额较大。也就是说，以上三个因素的叠加是非常重要的。

过去，笔者在作分析的时候，也曾发现招聘相关的媒体中具有同样的思考方式。他们使用这种方法可以确定下一个可能进行交易的客户。

据说，该信用卡公司通过RFM思考方式，成功地把促销活动的成本降到最低、把销售额提升到了最高水平。也就是说提高了投资的投资回报率。

以上，就是笔者列举的几种客户分类方法。请你对照自己公司所经营的商品和服务类别，试着借鉴其中对贵公司有效的方法。

商务技巧 33：盈亏平衡点及其降低方法

构建盈利体系必须掌握的知识

你听说过盈亏平衡点（BEP，Break Even Point）吗？它是企业在销售商品或提供服务时盈利和亏损正中间的点，也就是利润= 0

时的销售收入或销售量。如果获得的销售收入比该点更高或出售的商品数量比该点更多，那么企业就能盈利。

因此可以说，掌握所售商品或服务的盈亏平衡点是专业商务人士的必备条件之一。

什么是盈亏平衡点

这次笔者先介绍掌握盈亏平衡点的方法。盈亏平衡点用图表表示的话就非常容易理解。以金额为纵轴、销售量为横轴，并绘制3条直线。

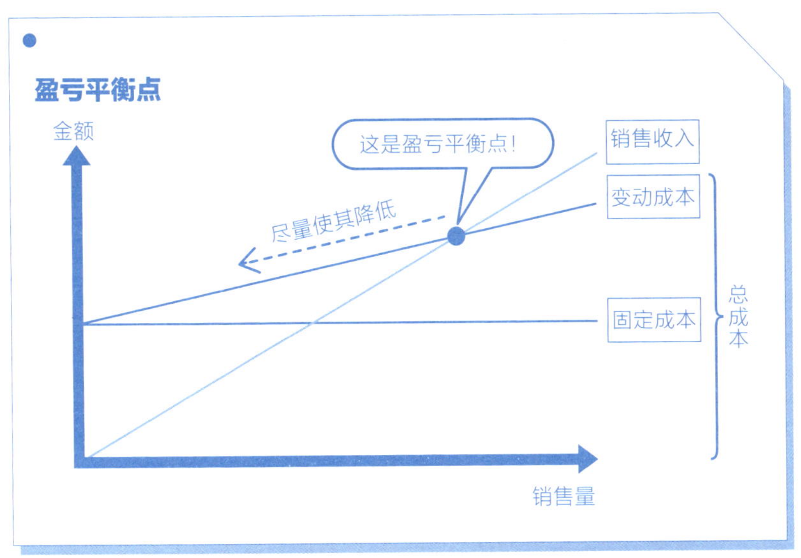

第一条直线是销售收入线。销售收入线从金额为0、销量为0的原点（两轴交点）向右上方倾斜。直线的斜率相当于销售单个商品时获

得的销售收入，也就是单价。剩下的两条直线是成本线，其中一条直线是固定成本线，另一条直线是变动成本线。

固定成本是指无论商品是否出售都会消耗的费用，例如员工的工资、折旧费、广告宣传费、办公费用等，相当于损益表中的“销售费用及一般管理费”。

变动成本是指随着商品制造和销售按比例增加的成本，包括材料费、原成本费、配送费等，相当于损益表中的“销售成本”。

固定成本是一定的，与销售收入无关，固定成本线从销售图表的某部分开始横向延伸，与横轴（销售量）平行。变动成本线从固定成本线和纵轴（金额）的交点开始向右上方延伸，而总成本用“固定成本+变动成本”表示。

在销售量少的地方，总成本线在销售收入线上方，也就是说“销售收入-成本”为负数，即利润为负，公司呈现赤字状态。

从左往右观察图表，就能找到销售收入线和总成本线重合的点。此处，“销售收入=总成本”，即利润为0。这个点就是盈亏平衡点。

盈亏平衡点所对应纵轴上的销售收入是盈亏平衡点的销售收入，对应横轴上的数量就是盈亏平衡点的销售量。如果商品的销售收入、销售量在该点之上就能获得利润。用图来表示，达到盈亏平衡点右侧部分时，“销售收入-总成本”为正数，这时就产生了利润，也就是公司获得了盈利。

盈亏平衡点的降低方法

经营者都想尽可能地降低盈亏平衡点。因为降低盈亏平衡点后，就能以更低的销售收入和销售量给公司实现盈利，公司更容易形成盈利体系。

那么，怎样才能降低盈亏平衡点呢？降低盈亏平衡点意味着销售收入和总成本的交点需要向左移动。

图中有3条线，因此可以分别调整这3条线来降低盈亏平衡点。当然，如果同时调整这3条线的话会更有效果。

接下来介绍具体方法。首先是销售收入线。如果增大销售收入线的斜率，盈亏平衡点就会向左侧移动。斜率代表每个商品的单价，也就是说想要增大斜率的话可以提高单价。提高商品标价是增大斜率的捷径，另外改进打折方式也能提高单价。使用这些方法，就能通过增大销售收入线的斜率来降低盈亏平衡点。

其次是2条成本曲线。第1条固定成本线，按字面意思就是只需降低固定成本，盈亏平衡点就会降低。

同样，对于第2条变动成本线，只需减小其斜率，即降低制造及销售单个商品的成本就能降低盈亏平衡点了。

也就是说，可以通过提高商品单价、降低固定成本、降低单位变动成本来降低盈亏平衡点。

如果与该商品相关的所有员工都能做到这些，那么商品的盈利就会提高。销售员不再随意给客户打很低的折扣，因为他知道不打折就能提高销售单价；广告负责人以推出高效广告为目标，降低固定成本；物流负责人采取更有效的流通方式来降低货运成本，降低单位变动成本。

如果公司里的全体员工都能做到以盈利为目标，致力于进一步降低盈亏平衡点，那么这样的公司是相当强大的。你的公司和商品怎么样呢？

第4章

改变思考和行动的惯例

如果将人的社会生活比作田径比赛，那么这不是短跑，而是长跑。笔者记得刚进瑞可利集团的时候，理工科出身的笔者在工作上被能言善辩的文科同学超越，他们中有好几个人赢在了起跑线上。其中有几个人，在30年后的今天，仍然保持着向上的势头，成了公司的领导。

但是，其中也有不少人在开局不久之后就失去了发展势头。另外，还有好几个人虽一度失势，却又东山再起、华丽转身。他们之间为什么会有这样的差距呢？

这大概是成功的人凭借平时的努力积累与失势的人拉开了差距。也许在别人看来，他们能成功单纯只是幸运，但其实成功的人每天都会对各种各样的事物保持兴趣，并持续收集、分析信息，不断提高自己的能力。

本章笔者总结了相关要点，虽然看似微不足道，但如果你能在平时有所注意，就会在长跑的时候助你与别人拉开差距。

笔者认为本章会对以下人群有所帮助。

☑ 对自己的职业发展感到不安的人。

☑ 虽然每天都想努力，但却不知道方法的人。

☑ 认为坚持就是力量的人。

本章将介绍解决这些问题所需的10个商务技巧。

㉞ 从报纸、杂志、网络获取信息的方法。

㉟ 从社交网站获取客户信息的方法。

㊱ “给予和获取”的本质。

㊲ 持续表明自己想做之事的重要性。

㊳ 赋能的方法。

㊴ 时刻意识到投资回报率的必要性。

㊵ 105%的面谈和95%的面谈有巨大差异。

㊶ 3种读书方法。

㊷ GTR思考法。

㊸ 习惯的力量。

你可以按顺序读，当然也可以尝试只选择感兴趣的标题进行跳跃式阅读。

商务技巧34：
从报纸、杂志、网络获取信息的方法

领先旁人一步的信息阅读方法

这是笔者作为新职员从技术岗调动到销售岗时发生的事。当时笔者调到了一个帮助其他公司招聘应届毕业生的部门。在调岗第一天的指导会上，M企划科的科长（后来的J联盟主席）说道："在我们的工作中，了解大学生的感受是很重要的。为此，请你们把大学生正在阅读的杂志（漫画）通读一遍。因为这是你们的工作，所以需要读完全部。"

于是，单纯老实的笔者就立即采取了行动。笔者作为销售员把在大学生中受欢迎程度排名前10位的杂志全部看完了。在阅读过程中，笔者注意到了以下两点：第一，刚开始阅读的时候是笔者研究生毕业后的第一年，当时笔者才25岁。因为和大学生的年龄差距不大，所以阅读杂志或漫画并不是一件痛苦的事情，只是在地铁里看漫画的时候会有一点罪恶感。

事先了解目标对象使用的短语和表达方式

第二，随着年龄的增长，笔者完全感受不到趣味的漫画越来越多。在笔者看来，那些漫画一点儿都不有趣。然而，笔者觉得无趣的漫画在大学生中的人气却居高不下，笔者完全无法理解的漫画却在大学生中得到了极高的评价。笔者对年龄之间的差距有了切身体验，这对于笔者来说是非常好的经验。

从那以后，笔者在受邀演讲、制作企划书的时候，养成了事先了解目标人群经常阅读的杂志的习惯。这样一来，就可以事先掌握向他们传递信息的短语和表达方式。这对于加深理解笔者在商务技巧14中提到的“表达”的重要性也是非常有帮助的。

从多个来源获取信息的重要性

笔者在阅读杂志时还注意到一点，就是不同的杂志对于同样的内容会有不同的表达方式。有时不同的杂志对艺人、音乐和电影会有两种完全相反的评价。这一点不仅是杂志，报纸也是如此，对于同一个政治家的发言，它们的分析可能完全不同。

有这样一句俗语：“河要从两岸看才是河。”其含义是从河的一侧和另一侧看到的景色可能会截然不同。另外，还有这样一条劝诫：“对于某个现象，仅仅从一侧听取意见是不够的，也应该倾听与之相反的意见。”

每天坚持从多个来源获取信息是很困难的。笔者在家也只阅读《日经新闻》这一种报纸。但是，笔者会通过美国有线电视新闻网（CNN）和其他报纸的应用程序对重要事件进行确认。有时候，笔者甚至会对各种媒体大相径庭的解读感到愕然。如果不对多个信息源进行比较，就会在不知不觉中被某种特定来源的论调洗脑。

在了解其他观点的同时，相信某一种观点，这是可行的；但如果只知道一种观点，然后深陷其中，就可以说是作出错误判断的第一步了。

也就是说，我们不能依赖单一的信息源。

最近网上的假新闻已泛滥成灾，你有必要具备不被这些信息欺骗的新闻素养。同时，为了防止这种事件的发生，养成通过多个来源确认信息的习惯也很重要。

怀疑两个事件的关联性

曾经一段与报纸有关的经历，令笔者感到万分惭愧。为了让大家在与媒体接触时能有所参考，笔者强忍着自己的羞愧之情在本节中进行简单介绍。

那是笔者从销售部门调到企划部门时发生的事。到公司后，笔者一般会对日元的外汇走势进行确认。如果日元升值，那么出口制造商的业绩就会变差，该公司也会减少招聘人数，如此一来，笔者所属的公司业绩也极有可能变差。因此，每天确认日元的外汇走势就成了笔者的日常工作。

有一天，当笔者像往常一样浏览报纸的时候，事业部负责人突然在笔者身后搭话道：“中尾，你认为今后日元会升值还是贬值？”

针对这个问题，虽然笔者已经绞尽脑汁，但还是找不到答案，于是笔者便诚实地答道：“虽然我不知道正确答案，但我希望日元能贬值。”然而，事业部负责人却告诉笔者：“日元一定会贬值。”

笔者不知道为什么事业部负责人能断定“日元一定会贬值”，于是去向他确认判断“日元贬值”的理由。事业部负责人一边微笑，一边指着报纸另一页上日本银行总裁写的相关专栏。

该专栏刊登的是与工作立场相关的内容。虽然笔者也读到过，但对内容没有什么印象。确实，如果按照“根据专栏信息解读日元涨跌变化”的指示来阅读该报道，那么的确能读出专栏隐含的预示日元贬值的信息。但是，它表现得非常隐晦，很容易被人忽视。

虽然笔者与事业部负责人看过同一份报纸，但完全没想过把日元涨跌与专栏内容联系起来，而事业部负责人却通过整合报道的内容得到了判断日元即将贬值的信息。面对眼前存在的差距，笔者深感惭愧。

从那时起，笔者就养成了这样的习惯，笔者会经常思考关注的报道与自己想知道的信息是否有关。令人惊讶的是，它们之间确实存在千丝万缕的联系。

思考事物的关联性，这种做法虽然简单却十分有效，请你一定要试着养成这种习惯。

商务技巧 35：
从社交网站获取客户信息的方法
商务会谈的“事前准备”是成败的关键

在销售技巧中有一种叫“破冰”的技巧，其字面意思是“融化冰块”，是指与客户初次见面时，消除双方之间存在的紧张感，融化“冰块”。

“建立友好和信任关系”是一种破冰的技巧，这是一种通过寻找共同话题来破冰的方法。

例如，同乡、同学等就是很容易理解的例子。为了找到共同点，提前准备非常重要。作为关西人，在东京时，笔者与他人一谈到关西有关的话题，心情就会变好，更不用说聊到老家摄津市（大阪府最小的市）的话题了。每当此时，笔者都会畅所欲言、滔滔不绝。

在和初次见面的人会面时，笔者也会尽可能地提前收集信息，寻找与会面人建立友好和信任关系的素材。一般可以从公司、个人两个角度来收集信息。

公司的官方网站是信息的宝库

首先，关于公司信息，你可以通过该公司的官方网站进行核对确认。你还需要提前了解该公司的方针或战略的关键词。对于上市公司，在投资者关系信息中能找到其股东大会的财务决算说明或中期经营计划材料。它们被总结归纳成幻灯片或视频等形式，简明扼要地呈现出来，需要你提前进行确认。资料中往往会列出当年或今后三年计划的关键词，你读了这些就能理解该公司的重大战略了。

过去，当笔者负责房屋信息公司斯摩的业务时，曾考虑要在某大型购物中心开设该公司的新店。该购物中心运营公司的战略关键词是“中国”“高级”和“金融”。

当时，斯摩公司的客户正在考虑购买新建公寓和定制住宅，他们想使用抵押贷款。由此，提出了假设“我们公司和该公司的金融战略可能会产生交点”。后来，我们确实和该公司金融部门的职员们产生了交集，并获得了他们对于开店的支持。

此外，你也需要在公司主页上查看一下该公司的历史沿革。从公司发展的历史中，能找到该公司一直重视的内容。

最后要确认的是董事信息。要阅读董事长新年讲话等内容。对于非上市公司，这可以用来替代上文中的投资者关系信息。除此之外，还要检查董事的个人简介。官网上一般都会刊登他们主要的履历，由此可以确认他们的大学或过去任职的公司是否和自己有过交点。

公司的官方网站是信息的宝库。请你一定要积极灵活地使用。

事先调查个人信息

对于个人，除了在谷歌、雅虎上搜索，还可以在各个社交网站上收集信息。通过在脸书上搜索你们共同的朋友、查看他已发布的文章，就能找到双方的共同点。

最近，供人们发布信息的媒体增加了，所以写书、写文章的人也很多。调查对象所写的文章和书是必读的。但如果对方写的是书，你可能会没有时间阅读。这时，你可以提前浏览这本书在亚马逊等网站获得的评论，对比高分评论和低分评论得出结论。

从名片上获得信息

但有时候你不一定能做到提前收集信息。在这种情况下，笔者来介绍最后的方法——看名片提问。

这个方法是笔者担任销售员时期曾实际使用过的，并且在瑞可利集团面向新人的培训中做过几次介绍。如果习惯于看名片提问，那么不仅能找到建立彼此友好和信任关系的素材，而且也能养成对对方感兴趣的习惯。

其中最简单的做法是“确认名字”。每个人都对自己的名字有特别的感情，尤其当名字中含有难读的汉字时更是如此。很多时候，询问对方名字的由来就能打开对方的话匣子。或者当提及对方的籍贯时，有不少人会激动地说：“我的名字虽然在××县有很多，但其实也不过30人。”

如果对名字没有什么特别的疑问，接下来请试着关注对方所在公司名称的由来、公司徽标样式及其设计理念等。关于这些，每家公司都有各自特别的含义。这类话题也经常能调动会面的气氛。

如果这样也不行，你还可以确认地址。有时可以通过谈论或询问对方公司周边的环境来活跃气氛。

但是，用名片信息提问是最后的方法。请你无论如何都要先尝试提前收集信息。

商务技巧 36：“给予和获取”的本质

销售员和客户的理解偏差在哪里

笔者在做销售经理的时候发现了一件不可思议的事情。有个销售员向笔者报告：“我一直为A公司提供信息，相关负责人很感谢我。下次他们需要招聘的时候，他们一定会委托瑞可利集团。”

但是，在收到该报告的几周后，客户开始在瑞可利集团以外的招聘媒体上开展招聘活动。销售员去A公司调查原因，并向笔者报告了结果：“听说A公司这次因为预算有限，所以没能委托我们公司。他们说下次一定会向我们公司下订单。”

但是，“下次向瑞可利集团下订单”这一承诺在该销售员负责这个客户的期间始终没能兑现。

为什么销售员无法获得订单

类似的事情不仅发生在A公司。对于B公司，该销售员也是多次前去拜访并提供了信息。与刚才的A公司不同，客户并没有在瑞可利集团以外的公司下订单，但他们也没向瑞可利集团订货。

那么，这个销售员是不是向笔者做了虚假报告？只看结果的话，确实像是虚假报告，但并不是，他也确实努力地为客户提供了信息。

如果他真的没有给客户提供信息，只是向笔者虚假报告说“一直给A公司提供信息”，那么问题就简单了，他只要改正错误就可以了。

但事实并非如此。原因在哪里呢？

即使“给予”也不能让客户满意

事实上，在探索原因的过程中，笔者对一般所说的“给予和获取”（Give & Take）的本质有了深刻理解。虽然是老调重弹，但是人与人之间交流的本质就是“给予和获取”。这在柯维博士提倡的“7个习惯”中表现为“双赢”（Win-Win），两者表达了相同的意思。

英文中的“给予”（Give）和“获取”（Take）皆有收获的意思。而“双赢”是指双方都处于“赢”的状态，换句话说，它表明双方都“满意”的状态才是最佳的。

一方忍受损失的“赢输”（Win-Lose）或“输赢”（Lose-Win）的状态，以及双方都遭受损失的“双输”（Lose-Lose）状态都是不佳的。

实际上，这里隐藏着刚才举例说明的销售难题。销售员认为“自己努力地制作资料，一定对客户有所帮助”。他认为自己对客户实施了“给予”，也认定客户会感到满意。

但是，尽管A公司确实收到了资料，但实际上资料的水平完全不能让他们满意。也就是说，他们不认为自己接受了“给予”。这样一来，销售员当然不可能得到“下订单”这种“获取”。

为什么A公司没有感到满意

原因可能有两种。一种是如同前文所述，单纯因为资料水平较低。也就是说，A公司和销售员对于资料的质量、成本和交付期限的认知有偏差。另一种是，A公司认为“销售员为自己做些事情是理所当然的”，销售员制作资料是销售活动的一环，并没有什么特别值得感谢的地方。当没有销售经验的人成为客户联系人的时候，客户会经常这么认为。

那么，B公司的情况是怎样的呢？B公司对于销售员提供的资料很满意，也对他表示了感谢。但是，B公司并没有可以向瑞可利集团下订单的招聘需求，也就是说，B公司不属于商业中“给予”的对象。

笔者通过这两个公司的事例，明白了“给予和获取”的真正含义。第一，与客户建立关系是一件困难的事，多次对客户进行给予之后，才能使客户认识到给予的存在。准确地说，不是“给予和获取”，而是“给予给予给予给予……和获取”。

第二，我方在一定期间内，若自认为已经对客户进行给予了，但依然未能收到对方的订单，那么一定是出于以下原因。

①我方认为自己给予了，但客户不这么想（例如上述A公司的情况）。

②客户没有需求（例如上述B公司的情况）。换句话说，就是对对象的定位错误。

在理解这些背景的基础上，笔者建议大家都去实践一下“给予和获取”。

商务技巧37：持续表明自己想做之事的重要性

成功的人、项目和策划所需的条件

如果向成功的公司创始人询问他成功的理由，从他们的答案中会发现他们的共同点是“做那件事是我的使命（我想做）”和“成功之前永不放弃”。很多人会在中途放弃自己想做的事，但是成功的人是不会放弃的。

这种“坚持自己想做的事直到成功”的精神，不仅仅体现在企业家身上，也是我们商务人士应该具备的。例如，《皆喜》（*Zexy*，瑞可利集团著名的结婚信息杂志）和《胡椒蓓蓓》（*Hotpepper*）两个项目就是其典型案例。

坚持到最后的《皆喜》和《胡椒蓓蓓》

笔者在瑞可利集团工作时，当时有一种叫作瑞可利创新团队（New-Ring，Recruit Innovation Group）的新项目提案制度。这是一种公司内外的有志之士聚集在一起并提出新项目提案的讨论会制度。

虽然讨论会占据人们的业余时间，但当时每个队伍最多可以申请10万日元的预算作为资料费，并且参加者能获得价值1万～2万日元的参赛奖励。每年有100～200个提案，《皆喜》和《胡椒蓓蓓》都是在这个制度下产生的获奖作品。

在瑞可利集团有一个原则，就是项目的倡议者需要参与该项目的执行。因此，“瑞可利创新团队”制度中的提案者要作为项目发起人参与其中。这两个项目在创立之初都陷入了困境。《皆喜》的销售地点是结婚礼堂和酒店，和集团现有的销售渠道没有交点。至于《胡椒蓓蓓》，它的主要客户应该在居酒屋等料理店，与集团现有的销售渠道更不可能存在交点。而且，他们还想在瑞可利集团没有设立分公司和营业场所的地区开展业务。

但是，参与这些项目的人在成功之前都没有放弃。《皆喜》从当初面向首都圈销售的杂志发展到了后来面向日本全国销售的信息杂志，如今“如果要结婚，就从《皆喜》获取信息”已成为人们的习惯。

而《胡椒蓓蓓》则成功地将优惠券使用文化迅速扩展到日本全国。同时，还使美发沙龙预约文化在日本扎了根。

预见互联网的普及——“瑞可利导航”的成功案例

如今已成为大学生求职基础的“瑞可利导航”（rikunabi）网站也是如此。30年前，在笔者大学毕业准备求职的时候，百科全书式的就业信息杂志是开展求职活动的中心载体，大学生们把附在杂志内的资料申请书寄回应聘公司是求职的第一步。现在求职活动的形式已经发生了翻天覆地的变化。但是，当时没有哪本就业信息杂志能想到互联网会发展到今天这种程度。

实际上，在瑞可利集团也只有少数人认真思考过互联网的未来。他们在网上转载与就业信息杂志中几乎完全相同的内容，由此开始发展网上业务。

该业务的发展需要在经营和制作上花费大量精力，公司内部也有不少反对意见。但是，他们坚持不懈地向周围人反复宣传互联网的前景和意义，他们完全没有放弃。

如果他们被周围人说服了，事情会变得如何呢？瑞可利集团的应届毕业生项目可能已经失败了，瑞可利集团的网络业务也很可能没有现在的进展。笔者一想到这种可能性，就不由得感到后背发凉。

你可能会觉得这些话有些不可思议，因为从某种意义上讲，这是一个关于瑞可利集团的特殊故事。瑞可利集团是一家坚持不断创新、一直拥有危机感的公司，因此，与一般的公司相比，它赋予员工更多的机会去“说出想做的事”“实践想做的事”，甚至鼓励员工“不达目的就不放弃”。

但是，如果观察在瑞可利集团创立项目的人，就会发现他们都曾为实践自己想做的事情而“千方百计地表明自己的观点”。

如果只是表达一两次自己的观点，上司是不会点头的。之所以这么说，是因为你认为重要的事情并不一定能让对方感受到其相同的重要性。笔者建议大家不要因为一两次说不通就放弃，而是要保持韧劲，持续不断地向上司强调自己想做的事。

商务技巧 38：赋能的方法

即使能力很强，若没有干劲也无法成功

这是笔者作为新人销售员时的故事。

当时笔者负责向公司推销瑞可利集团制作的招聘广告。在实际制作招聘广告的时候，销售员需要和各种各样的人打交道，包括把握广告整体概念并控制进度的导演、广告撰稿人以及设计师等。除此之外，必要的时候也会和摄影师或插画家进行商谈。

那时，笔者从关西一位被称为“唐”的广告撰稿大师那里学到了一件事。即对新人销售员来说最重要的东西。

下面试着再现当时的对话。

唐：“中尾，身为新人，你认为什么是最重要的？”

笔者：“是把客户的招聘信息和招聘背景准确地传达给导演或广告撰稿人吗？”

唐：“确实是这样。但是，这还不够。你觉得呢？”

笔者：“我不太清楚。是诚意吗？”

唐：“有点不一样。诚意这种东西，如果是专业人士一起工作的话，那当然是必要的。但最重要的是，让包括导演在内参与原稿制作的我们产生干劲（赋能）。”

笔者：“是让你们产生干劲吗？你们也会有没干劲的时候吗？”

唐：“和新人不同，我们要做很多工作。虽然作为专家，我们只需要做最低限度的工作，但作为人，我们也会因为身体或心情的原因放弃工作。如何才能提升你的工作在我们这里的优先顺序呢？这就需要激发我们的动力。请你想想应该怎么办。”

笔者："我知道了。虽然我现在还不能马上给出准确答案，但我会思考的。"

赋能的五个步骤

其实，听了唐的话后，笔者一直想着什么时候要好好回答他，但是没过多久笔者就被调到了神奈川县。从那以后，我们没能直接说过话，笔者也没有找到告诉他答案的机会。

因此，此处开始，笔者所写的内容都只是自己的理解，并不一定是唐大师向笔者寻求的答案。

但是，以那次谈话为契机，笔者开始重视和别人一起工作时如何激发别人的动力。为此，笔者开始重视以下5点。

①向一起工作的人介绍整个工作的目的、背景和意义。

②传达所要求工作的整体地位及其重要性。

③确认进展情况，必要时提出建议。

④评估输出的结果，并表达期望和感谢。

⑤分享整个工作的结果。

此处可以说是对前文"区分自己做和依靠别人做的工作"中介绍的要点进行了详细解释。大致内容就是：委托他人工作时要介绍背景，并且适当考虑对方情况；对好的输出结果表示感谢，对不好的输出结果提出要求；如果工作有了结果，要和同事分享等。你可能会觉得这里写的都是理所当然的事，并不是特别难。但其实能完全照做的人是非常少的。

实际上，虽然人们在委托别人工作时都很有礼貌，但是几乎没有人会告诉被委托人工作的结果。关于上述第5点，人们经常容易忘记，笔者希望你们能引起注意。

关西的唐大师教导笔者“要让一起工作的人们产生干劲（赋能）”。确实，如果比较每个人，大家的能力可能会有差异。但是，一个人最大限度地发挥他能力的时候就是他变得有干劲的时候。

笔者从没见过一个能力超群但没有干劲的人能取得最大的成就。

你能给周围的人们赋能吗？

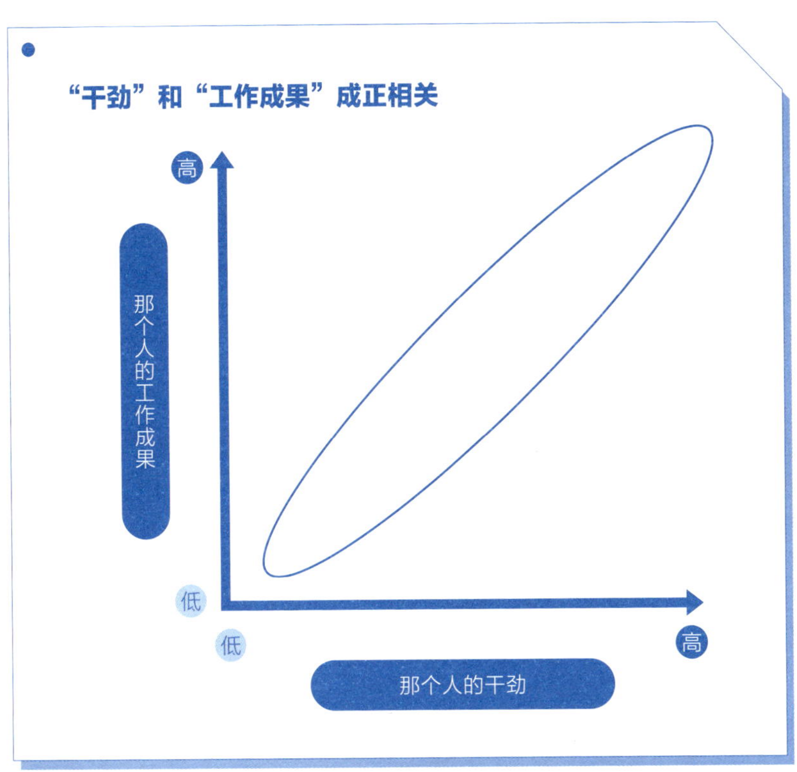

商务技巧 39：
时刻意识到投资回报率的必要性
正是在难以量化的职业中，才能有效发挥投资回报率的作用

笔者想先问你一个问题：

"你的公司为什么给你发工资？"

如果假定你是经营者，并且是公司创始人的话，可能会更容易想象。身为董事长的你，为什么要给员工发工资呢？

答案很简单。

因为你希望员工完成的工作比你支付的工资更多。也就是说，经营者认为工资这一投资会有相应的回报。因为，他认为支付工资的投资回报率比较高。

经营者和员工的差距

但是，对员工来说怎么样呢？员工被迫忍受着令人痛苦的长时间通勤和上司的无聊说教，而且一天有8小时以上被约束。如果把这些当作获得报酬的代价，你觉得如何？

经营者和员工有着巨大的意识差距。经营者因期待成果而向员工支付工资，员工则想着按照时间领取工资。

例如，当你的职业是销售员时，消除这种意识上的差距就很容易。因为如果不能完成销售目标或指标，就很容易判断那个人的投资回报率很低。因为工作被量化了，所以不仅仅是经营者，员工本人也很容易意识到也许比起自己创造的成果，自己所拿的工资（从经营者

的角度来看就是投资）过高了。

销售员的离职率比其他职位稍高的原因就是，人们可以通过数字轻易地感知和把握自身是否适合销售员这个职位。

后勤部门的投资回报率

但是，通常被称为后勤的员工呢？大部分岗位的员工都没有数值目标。即使有，本人对该数值也不怎么关心，这样的情况随处可见。但笔者还是要说，正因为身处后勤这种难以被量化的岗位，所以才更应该注意自己的投资回报率。

在担任职业研究所调查团队负责人的时候，笔者从当时的主管处接受了以下委托。他说：“调查的裁决方案是由每个部门分别递交的，我很难做出判断。而且，判断标准也是各部门自行制定的，无章可循。我希望你想办法解决这个问题。”

当时，笔者对于调查还是外行，但通过运用在市场营销中习得的技巧，笔者要求所有调查明确目的，尽可能做到量化，并设定数值目标，以便进行比较。

例如，某个调查的目的是促销，那么调查就需要定期掌握下面的信息：“每月参加求职活动的应届毕业生中，有多少人没有获得工作录用通知书？”或者“有多少学生虽然获得了工作录用通知书，但是对被聘用的公司不满意，仍在继续参加其他求职活动？”

销售员会为公司客户提供信息，告知他们还有一些学生仍在继续参加求职活动。然后，他们会为尚未完成应届毕业生招聘目标的公司提供补充方案；或者面向中小企业，提出从现阶段开始招聘应届毕业生的新提案。

但是，随着应届毕业生求职季的提前，在求职季后期才开始启动招聘工作的公司减少了。那么，该调查是否已经没有必要了？即使是在销售员中，也逐渐认为该调查的必要性越来越低。特别是在老销售员之中，这种呼声很高。如果只倾听这些老销售员的声音，也就是通过定性信息来判断的话，恐怕这个调查已经被停止了。

但当时笔者向大家解释，因为“该调查的定位是促销调查”，所以调查是否存续应该根据促销效果的好坏来判断。

于是，笔者针对“对象调查的使用情况”向销售员进行了问卷调查。

结果，笔者发现结论和事先听到的信息正好相反。资历浅的销售员在提案中使用了调查信息，而且，笔者知道大多数的追加销售和新开发的销售中也运用了调查的内容。从投资回报率上看，获得的收益是调查费用的数倍。

通过控制该调查的投资回报率，我们还获得了意想不到的副产品。即激发了调查员的干劲。

以前，对于调查员来说，其主要工作就是把调查报告书整理得清楚明白。但是，如今管理层已经明确表示调查追求的目的是销售额的提高，同时确定了销售额的测定方法和目标数值。如此一来，调查员的做法就变了，他开始关注事先所设定的投资回报率了。

一直以来，调查员关注的工作范围仅限于制作调查报告书，但是现在这个范围扩大了。值得肯定的是，在清楚地认识到使用自己制作的资料能给销售员带来多少数量的订单之后，调查员的行为发生了变化。

调查员和销售员的日常交流增加了，并且改变了报告书的格式以便销售员在提案书中使用得更加便利。调查员开始把销售员的订单当成自己的工作来对待。

如上文所述，如果在日常生活中有意识地关注投资回报率，那么无论是对成果还是对投资都会变得严格，以期取得更大的工作成效。

商务技巧40：105%的面谈和95%的面谈有巨大差异

仅仅是10%的差异就会影响事情的结果

这是笔者从销售岗位调到企划岗位时发生的事。

作为企划员，笔者的第一份工作任务是在集团内部进行宣传和促销。笔者所在的事业部负责首都圈、关西、东海三个区域的业务，是个总人数在1000人以上的大组织。

但是，笔者只有神奈川这一地区有限的销售经验。为了寻找公司内部的宣传素材、制定促销战略方案以及建立公司内部网络，笔者打算了解东京都内的销售水平，于是笔者拜托东京都内的销售员在外出办公时允许笔者同行。笔者还记得自己当时对所有销售员的熟练程度感到十分震惊。同时，笔者还发现销售员们个个水平高超，面向客户开展的销售活动也毫不逊色。

但是笔者注意到了一件不可思议的事情。虽然大家的待客方式看似同样出色，但销售业绩却大不相同。有些人达成了目标、连续受到公司表彰，但也有很多人只勉强达标。

确实，受到表彰的销售员，在交流沟通方面稍有优势，但在日常销售活动中和他人相比并没有特别明显的差别，这让人觉得不可思议。

为什么销售能力差距不大，商务谈判却会失败

正好，当时笔者做销售员时期的竞争对手，也是笔者的同期同事，被调到了东京都内担任销售团队经理。笔者立刻向他吐露了自己的疑问。虽然他也曾有过同样的疑问，但现在他已经弄清楚了其中的原因。即此处介绍的“105%的面谈和95%的面谈有巨大差异”。

他产生疑问的契机如下：

作为团队经理，经常会有员工拜托他一起去面向客户做营销活动。大部分情况下，他都需要在重要会谈中进行演讲或做出总结。

他的团队员工大多是刚进公司或只有几年经验的年轻销售员。据说，如果他和销售员同行，那么大多数场合都能拿到订单，但如果他是和某个特定销售员同行的话，那么商务谈判几乎都会失败。

若无论他与哪个销售员同行商务谈判都毫无例外地失败的话，那么就是作为团队经理的他出了问题。但事实上，商务谈判破裂都是在他和某个特定销售人员同行的时候。那么，这个原因能否被弄清楚呢？他试着做了一个简单的模型。

将客户的满意度模型化

这个模型把客户对商务谈判的最低满意度定为100%，数字超过100%越多，客户就越满意；相反，数字越低客户就越不满意。作为一名销售员，他本人积累了足够的经验和完成了较好的业绩，具有让初次见面的客户也能成为他粉丝的能力。可以说，他是一个经过一次面谈就能让客户感到150%满意的团队经理。

如果每次都由他和客户进行商务谈判，那么客户的满意度就会非

常高。但如果那样做，就不能培养销售员，而且让身为团队经理的他经常和所有客户进行商务谈判，原本就是不现实的。所以，平时都是由他团队的销售员去拜访客户。

销售员的水平相差无几，虽说是新人，但如果用百分数来表示客户满意度的话，也应该集中在95% ~ 105%（这个数值只是概念上的数值，不是通过什么测量得出的）之间。

但，这个“相差无几”中却大有文章。如果差距再大一点，问题就能很容易找到，但由于大家的水平相差无几，问题就很难被发现。

从仅仅10%的差距发展为无法挽回的差距

客户满意度95%的销售员和满意度105%的销售员分别去拜访客户。虽然他们的数值差异只有10%，只相差一点点，但满意度为105%的销售员所拜访的客户会感到“满意”；而满意度为95%的销售员前去拜访时会给客户留下“不满意”的印象。

假设这种访问重复了10次。

满意度105%的销售员：105%的10次方≈160%。

满意度95%的销售员：95%的10次方≈60%。

仅仅10%的差异，就会造成如此巨大的差距。再加上与客户满意度为150%的团队经理同行，那么用算式来表示满意度105%的销售员在拜访客户10次后的状态则为160% × 150% = 240%，由此客户的满意度大幅超过了100%，表现为超级满意。这样一来，销售员也就会得到大额订单。

然而，满意度95%的销售员在拜访客户10次后的状态却是60% × 150% = 90%，得到的数值小于100%。客户对销售员不满意，也就不会把大额订单交给他。

这个案例中重要的一点是，虽然理论上105%和95%仅有细微差别，但前者令人感到“满意”，而后者却会给人留下“不满意”的印象。此处的细微差别，是销售员所必须跨越的。

还有一点就是，如果多次重复以上行为，就会造成无法弥补的巨大差距。

笔者在听了这个案例后，更加重视与他人的面谈，尽力让他们觉得“在和中尾聊过之后感到满意”。

商务技巧41：3种读书方法

通过信息和知识的“输入+输出”拉开差距

笔者每年坚持读100本书以上。这是笔者在2000年左右养成的习惯，已经持续了20多年。

读书的契机是在瑞可利职业研究所的时候，笔者负责一项人数为13000人的调查，而其中某个调查结果令笔者感到惊讶。调查结果显示，在过去的1个月内，有17%的人输入了关于工作的新信息（包括听演讲、向专家请教、看书或杂志等）。17%，大约就是在6个人中有1个人。

将这6个人中的1个人和剩下的5个人进行比较，无论怎么分类，这17%的人群都拥有更高的工资，对工作的满意度也更高。例如，如果他们年龄相同，则这17%的人工资更高；即使他们拥有相同的年龄和学历，也是这17%的人工资更高、对工作的满意度更高。

工资高、对工作的满意度高是非常理想的状态。而且，收入多的人，他的工作会更容易出成绩。于是他的工资和对工作的满意度都变得更高。这两者不仅仅是单纯的相关关系，更像是一种因果关系。于是从那时起，笔者就决定要做到定期输入，而输入的习惯就是读书。

笔者有3种读书方法：①1个人自主阅读；②在公司轮读；③陪读。

1个人读书的方法论

第1种，1个人读书。

笔者的阅读以此方法为主。一个人独立阅读，最大的好处是可以按照自己的步调进行。读什么样的书、以怎样的速度阅读、什么时候读，都可以自己决定。有的书适合慢慢品味，而有的书则适合快速跳读。

缺点正好与此相反。因为是自己一个人读书，所以即使偷懒，也不会被人批评。所以，笔者有时会感到孤独。

在本章开头，笔者说自己一年要读100本书，那么如果按一个月读8本来计算，一年12个月×8本就是96本。假设年初以每月10本的速度阅读，那么在年尾将要读到100本的时候，速度就会慢下来。实际上，有时候，读书就是心情和健康的晴雨表，状态好的时候，可以拼命往下读；状态不好的时候，连拿起书来都觉得麻烦。

为了防止这种情况的发生，笔者想了3种办法。

第1种方法是把薄的、简单的、令人愉快的书提前堆放在书架上，以便在状态不好的时候阅读。当你只向这类书伸手的时候，就说明你的状态不佳，但只要有了这类书，你就能立即转换心情。

第2种方法是选择未知领域的书籍，激发对知识的好奇心。在《日本经济新闻》周日版报纸的左右相对的联页上，有书籍介绍的专栏。笔者经常从报纸的四个角落挑选价格不高的书，建立了化偶然相遇为必然选择的阅读机制。

第3种方法，可以用在已经开始阅读却难以继续的时候。以前一看不懂书，笔者就怀疑自己大脑的理解能力，但现在笔者有了相反的想法。

这是编辑工学研究所的松冈正刚老师教给笔者的方法。

“阅读的时候，大家都读得过于认真了。例如，跑步时，既有慢跑，也有马拉松和短跑，也许还会遇到路况不佳、天气不好的时候。这一点同样适用于阅读书籍当中。有的书可以轻松地读，而有的书，作者和内容都很差劲。所以，我们在阅读的时候可以更放松一点。”

想起这些话，笔者的心情就会变得轻松。

另外，把读过的书发布在脸书上，对独立阅读也有帮助。虽然笔者写书评的时候加入了自己的观点，但看到有些人说他们对此很期待，还是倍受鼓舞。同时，这样做还能整理自己的思路，可谓是一石二鸟。

在职场中轮读的目标

笔者也在职场实施了轮读，轮读大家想将内容导入组织或想将内容转换为组织通用语言的书。具体实行时，按参加人数将一本书大致分为几等份，每人在讲解各自部分的内容时，和大家一起讨论如何将其内容导入自己的组织。

因为每人自己负责的部分只占几分之一，所以即使是不擅长阅读的人也会很轻松。笔者觉得这是养成读书习惯的好机会。如果为了选拔组织的领导而进行轮读，那么就能培养大家向组织学习的习惯，也具有一石二鸟的效果。

陪读式读书

此外，笔者还开展了一种叫作“中尾补习班”的陪读式读书活动。对于笔者选的18本书，参加补习班的学生要做到每两周读一本，并把书的摘要和“从明天开始自己要做的事”上传到内部网络。这些信息所有员工都可以阅览，而对于学生上传的信息，笔者会给出建议。

也就是说，让参加补习班的学员在笔者的陪伴下养成读书的习惯，这是针对管理人员候选人开展的活动。

将来当他们成为管理人员的时候，如果组织的领导者有学习的习惯，那么这个组织成为持续学习型组织的可能性就比较大。反之，领导者不学习的组织，员工也不会学习，那么这个组织就容易成为现状维持型组织。毋庸置疑，在这个变化巨大的时代，持续学习的组织更有可能提高业绩。

同时，此处笔者还运用了读书→输出的组合模式。输出是非常重要的。并且，一味地总结没有意义，重要的是要用自己的语言总结从明天开始如何在自己的组织中运用所学到的内容并定期输出。毫无疑问，只要坚持下去，从中长期来看，就会产生很好的效果。

以上就是一个人读书、轮读以及陪伴式读书这3种方法，希望大家能参考一下。如果你们能养成读书的习惯，笔者会感到非常高兴。

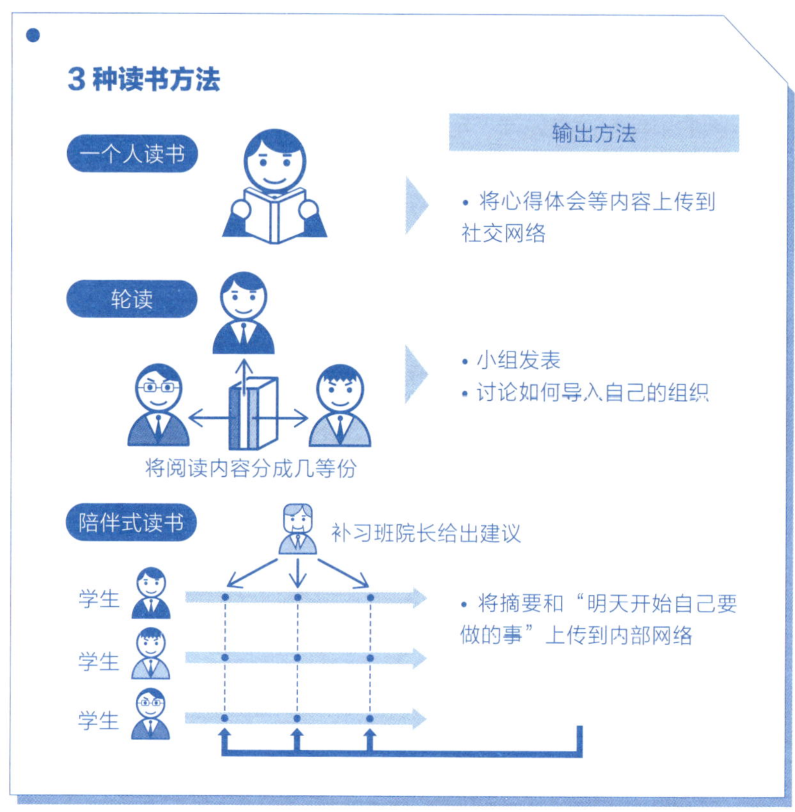

商务技巧 42：GTR 思考法

谷歌地图、时光机、河畔酒店

下面，笔者将介绍自己思考问题和出谋划策时的三个着眼点。它们分别是谷歌地图（Google Map）、时光机（Time Machine）和河畔酒店（Riverside Hotel），简称GTR思考法。

人们在思考问题或试图寻找方法时，有时候视野会在不知不觉中变得狭窄，视角也会变得比较低。那时，希望你能想起这个思考法。

试着用谷歌地图改变视角

首先是谷歌地图。众所周知，谷歌实时收集着世界各地的地图信息。通过改变比例尺，人们可以看见大到整个地球、小到一户人家的地图信息，非常方便。

在意识到这一点之后，笔者产生了一个想法，就是将镜头无限拉近，再无限推远。如果改变视角的高度，那么我们所能看到的事物就会完全不同。在我们无法改变固化观点时，可以借此推动意识的改变。

在其他隐喻中，有时也会使用“鸟之眼”“虫之眼”之类的表达方式。这是说我们要试着像鸟儿一样从数百米高空俯瞰，或者像虫子一样从贴近地面或树丛的角度凝视。虽然存在这样的表达方式，但是现实中并没有从鸟或虫的角度观察事物的机会。

但是，如果借助谷歌地图，那么任何人（只要拥有电脑或智能手机）都可以体验镜头的拉近和推远。笔者认为通过亲身体验，大家会更有真实感。

此处谷歌地图中镜头的拉近和推远，不仅仅是指物理上视角高低的变化。例如，当意识到组织中职位高低时，你可能会产生一些想法。视角还可以是董事长的视角、董事的视角、部门经理的视角、科长的视角、员工的视角、合同工的视角、兼职者的视角、外部合作伙伴的视角等。

例如，对于某个我难以应对的客户投诉，经验丰富的上司会怎么处理呢？或者董事长又会怎样做呢？

在笔者担任某个部门负责人的时候，和一家其他国家企业的日本法人发生了纠纷。对方说48小时就能完成的事情，实际却花了100小时。而且笔者在纠纷发生之后才知道，所谓48小时实际上是对方在没有向总公司确认的情况下就给出的答案。当时，现场一片混乱。

笔者把这件事报告给董事长后，得到了他的建议（或是安慰的话）："对于美国总部来说，和一个日本法人的纠纷，不过是微不足道的案件。你可以去跟他们交涉，但很可能什么也得不到，你要以此为前提考虑补救措施。"

这是笔者感受到视角不同的经历。

从上下不同的视角看待事物是很重要的，这就是这里说的"谷歌地图"。

通过时光机移动时间轴

其次是时光机，一台能进行时间旅行的装置。这是一个通过移动时间轴思考问题的建议。

当事情进入最终阶段的时候，人们会不知不觉地偏向于从短期视角考虑问题。你需要在这个阶段添加过去和未来的视角。

笔者经常使用的方法就是商务技巧20中所介绍的"移动3C的时间轴"。田坂广志先生的著名作品《预见未来的5个法则》中也提到过，进化是螺旋式推进的。也就是说过去发生过的事情，未来有可能再次发生。但是，螺旋式发展并不是维持原状，而是随着技术的革新而演进。

例如，你回顾一下人与人之间交流方式的变化。过去人们只能进行面对面的口头交流，文字诞生后，人们开始越来越多地使用书信交流。之后，电话被发明出来。随着电话技术的发展，非面对面的口头交流逐渐被人们广泛使用，再现了过去面对面口头交流方式的进化版本。

但是，最近出现了一种依托电子邮件或即时通信工具的文字交流方式。随着技术的进步，电子邮件或即时通信工具取代书信，文字的交流方式又一次出现在了大众面前。同时，还出现了视频会议等形式，意味着随着技术的进步，产生了非面对面的新型口头交流方式。

如上述所说，进化是螺旋式进行的。过去，螺旋发展一周是缓慢的，所以没法在一个时代内看到它的演变。但如今，随着技术发展的提速，只在生存的时代就能看到螺旋发展的一周。

也就是说，所谓的时光机，关键在于是否可以通过对过去拥有巨大市场份额的事物进行技术革新，再次提供巨大的价值。通过移动时间轴，你可以产生不少新的想法。

在河畔酒店眺望对岸

最后是河畔酒店。这是井上阳水的名曲。其实，此处的“河畔酒店”和歌词毫无关系，笔者根据从河畔，也就是从河岸眺望对岸的印象取了这个名字。

那么如果从河畔酒店看向对岸，会见到什么样的景色呢？从河的对岸看河畔酒店这一侧又会是什么样子呢？

有不少河流是国家、城市或乡村的边界。从河的两侧看到的景色可能完全不同。笔者希望你想象一下，从我们这边看到的景色和从客户或合作伙伴那边看到的景色很有可能会完全不同。

人们在考虑某些办法的时候，往往倾向于站在对自己有利的角度理解事物。这时，笔者希望你能从对方的立场、视角去看待事物。有这样一句话："河要从两岸看才是河"，表达的几乎同样的意思。这句话告诫我们，不能只根据一方的意见判断事物。这一点在商务领域也同样适用。

在某次商务谈判中，有一位总是用严厉的语言向笔者提出问题（当时笔者觉得是刁难）的关键客户。笔者的上司给的建议是不妨越过这个关键人物，直接去找他的上司。

笔者利用拜访的机会，去找那位上司谈话。但是，笔者从他那里听到的是关键客户非常赞赏我们的工作。虽然用严厉的语言对我们进行了鞭策和激励，但在其公司内部，为了不给我们带来麻烦、帮助我们取得好的工作成果，他一直在努力。并且，他还试图不让笔者发现这些。他是多么优秀的人啊。

这些，站在笔者的立场上完全看不见。

这就是"河畔酒店"，要求我们必须从对方的立场去看待事物。

通过谷歌地图拉近和推远镜头，通过时光机拥有过去、现在、未来的视点，通过河畔酒店站在不仅仅是自己还有对方的立场上看待事物。这些就是扩展视角、拓宽视野的方法。

上述GTR思考法，请你一定要灵活使用。

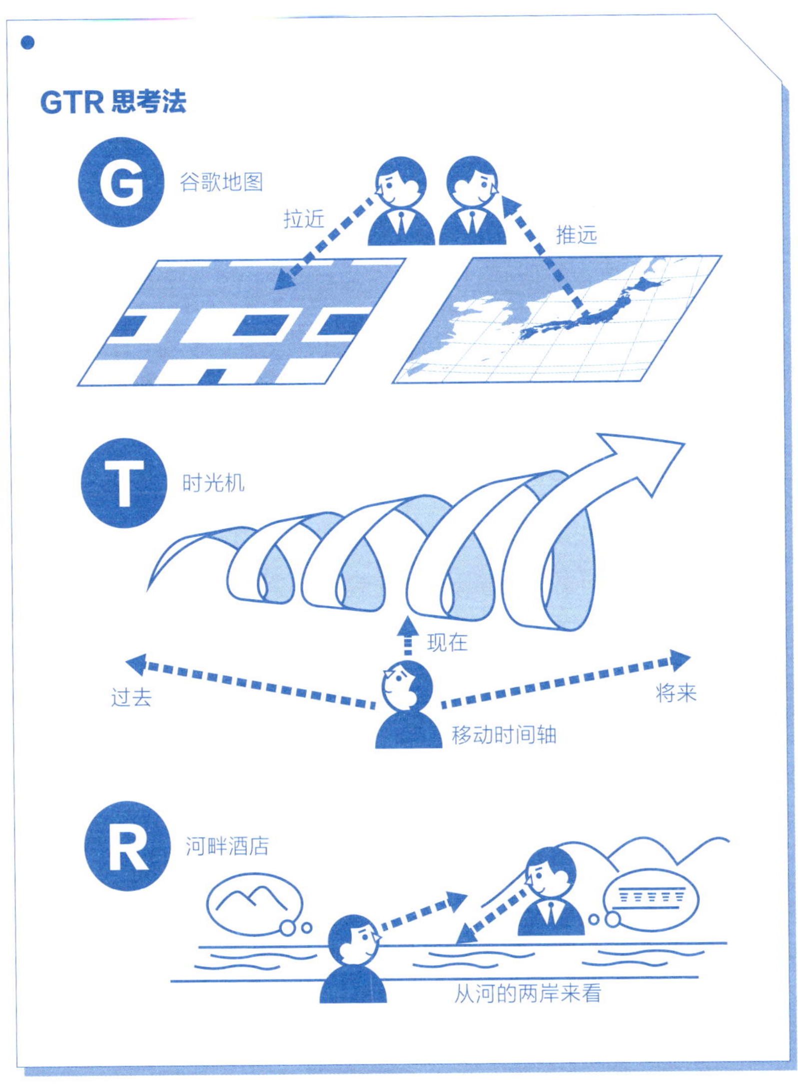
GTR 思考法
G
谷歌地图
拉近
推远
T
时光机
现在
过去
将来
移动时间轴
R
河畔酒店
从河的两岸来看

商务技巧 43：习惯的力量

只要改变3个步骤中的1个就能改变习惯

你知道《习惯的力量》（*The Power of Habit*）这本名著吗？

很惭愧，几年前笔者还不知道。

笔者在经济产业省工作的时候，曾有机会和经济学家伊藤元重先生去印度、新加坡、中国视察。因为整个团队只有10个人左右，所以笔者和同行者立即变得亲近起来。车辆行驶途中，笔者和坐在身边的伊藤元重先生聊起有关书的话题，他向笔者介绍了这本《习惯的力量》。

当笔者表示没听过这本书的时候，他建议道："那可不行啊，你最好马上读。"后来，笔者从朋友那里借到了这本书。笔者建议大家一定要读一读。在此，笔者想介绍一下从那本书中学到的精髓。

改变习惯最简单的方法

1892年，心理学家威廉·詹姆斯的研究表明，我们的生活只不过是习惯的集合。同样根据2006年美国杜克大学的研究，人每天行为的40%以上是习惯。

说是40%，你也许会觉得这个数值过高了，但笔者认为如果把它放在驾驶等的例子就比较容易理解。将驾驶等一系列行为转变为无意识的习惯，这种大脑的运行过程被称为"组块化"。这就好像是即使在完全无意识的状态中，我们也能做到变换车道。

当然，习惯中有好习惯也有坏习惯。但是，如果知道习惯的结构，习惯就可以改变。

习惯是通过契机→行为→奖赏这一系列的组合来形成的。比如早上刷牙，大家都把它当作了一种习惯。刷牙的过程，可以用牙脏了（契机）→每天刷牙（行为）→牙齿变干净（奖赏）这一系列变化来解释。另外，牙膏中还加入了薄荷油来刺激口腔。这一点对形成习惯很重要。

但是，习惯是脆弱的，只要有一点微小的变化，习惯就会被打破。这是对改变不良习惯的启示。

也就是说，改变行动（中间的步骤）而不改变契机和奖赏，是改变习惯的铁律。有一位改变美国某支弱小足球队状况的教练，他对球员的要求就只有“比其他任何人都跑得快”。于是，该球队的队员只盯着防守对象的双脚。因为教练指导球员只需要盯住对方球员双脚移动的“契机”。1年后，该行为模式已在每个选手身上形成，迅速移动已成了他们的条件反射，团队也实现了巨大跨越。

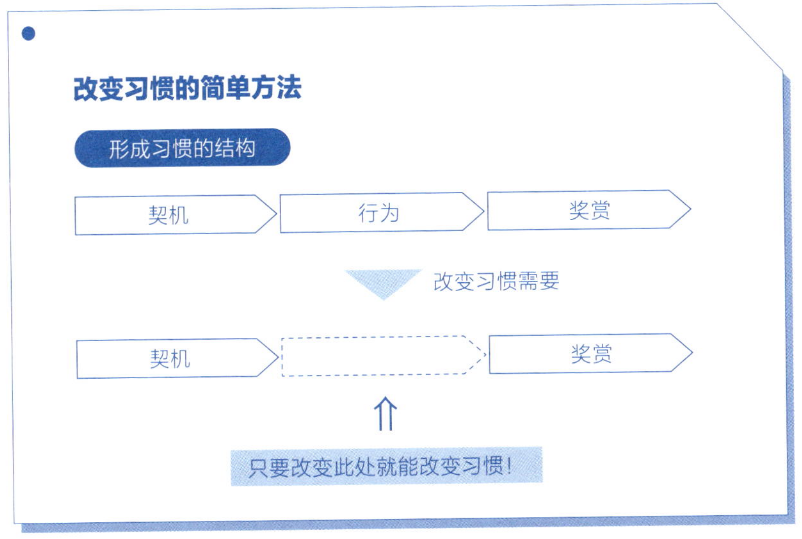

这种结构同样适用于酒精依赖症的摆脱过程（如嗜酒者互戒协会）。我们要找到患者对酒精产生欲望的所有“契机”，接着找出他们从酒精那里获得的具体奖赏。然后，让他们养成能代替喝酒的新“习惯”。此时若有一股相信他们的力量、有一个支持他们的团体，那么他们的戒酒就会变得更加顺利。

按照这种方式，坏习惯似乎也能被改掉。

星巴克的“拿铁法则”

这本书中还有很多其他的学习方法，介绍一个笔者最喜欢的故事吧。

这是星巴克的例子。星巴克开发了一个训练员工自制力的教育项目，公司会积极聘用一些在某方面有障碍的人。

虽然这些人在大部分时间里都没有问题，但当陷入了某种困境的时候，常常会发生无法控制自己的情况。这促使星巴克思考了应对这个转折点（陷入困境的时候）的方法。

具体来说，就是如何对待生气的客人、如何应对客人排长队等情况。公司会把写着“客人不满意的时候，如果是我就会……”的纸条递给员工，然后告诉他们“拿铁（LATTE）法则”的步骤。

倾听客户的声音（Listen）。
接受客户的抱怨（Acknowledge）。
用行动解决问题（Take Action）。
感谢客户（Thank）。
解释为什么问题会发生（Explain）。

公司通过角色扮演的方式使员工牢牢掌握这些步骤，并要求他们在实践中养成习惯。这样一来，即使出现了因排队时间过长而烦躁、愤怒的客人，也能使用“拿铁法则”去解决问题。这就是改善习惯的优秀案例。

第5章

探索事物另一面，提升工作层次

当你已经做了30多年的商务人士后，你经常会这样想：“这件事我要是早点知道就好了。”这不仅是笔者的感受。在和各种各样的商务人士聊天时，笔者发现真的有很多人在感叹：“哎呀，我当时不知道这件事，所以才失败了。”你没必要对此耿耿于怀，但“知道”和“不知道”之间确实存在巨大差异。

笔者认为本章对以下人群有所帮助。

☑ 想要加强与他人交流的人。
☑ 想选择好公司的人。
☑ 对难题无法放任不管的人。

本章将介绍解决这些问题所需的7个商务技巧。

㊹ 认清能持续发展的公司。
㊺ 改变自己工作的意义。
㊻ 改变工作被赋予的意义。
㊼ 挖掘显性理由和潜在理由。
㊽ 为什么不能被上司理解。
㊾ 明白不该解决的问题的存在。
㊿ 你是否在为“另一项工作”付出精力。

商务技巧 44：认清能持续发展的公司

不能根据规模大小选择公司的原因

过去日本社会实行的是以终身雇佣为前提的年功序列制①。如果长久地待在同一家公司，踏踏实实地为公司做贡献，工资就会慢慢增加。这就是公司员工的成功方程式。

虽然年轻的时候工资很低，但如果员工能暂时忍耐并持续工作的话，到了40岁、50岁的时候，工资会随之增加。

这是以大型制造业为中心的大公司的特征。

大公司以录用大量应届毕业生为核心开展招聘活动。应届毕业生没有工作经验，需要培养，因此公司会对年轻人实施教育培训。而随着他们工作年限的增加，业务的熟练度会提高，对公司的贡献度也会提升。这就表明员工对公司的贡献度与其工作年限有关。

而且在过去，因为公司本身仍在稳定发展，所以组织不断壮大，职位数量也有所增加，用晋升的方式奖励为公司做出重要贡献的员工的情况也非常常见。因此，在员工的意识中产生了一种安全感，他们认为只要认真工作，就能做到科长或部门经理的位置。

但是2000年以后，即使在制造业，终身雇佣制度也崩溃了。有数个事例表明，日本的制造业已陷入经营危机，依靠外资支持才实现了V形复苏②。同时，在大学或高中阶段离开日本去其他国家留学的人也不断增加。

① 年功序列制：日本公司的传统工资制度，指员工的基本工资随员工本人的年龄和工龄的增长而每年增加，而且增加工资有一定的序列。——译者注

② V形复苏：指某个经济体的产出、就业或衡量经济健康状况的其他指标在急剧下降后，又产生快速、持续的回升。——译者注

日本就业的特殊情况

即使从世界范围来看，日本的就业情况也很特殊。

特殊之处有很多，其中最重要的一点是，大学并没有教给学生进入社会后能够应用的技能。结果就如前文所述，形成了一种公司自行向新员工传授技能的培养机制。即使是在终身雇佣制度逐渐崩溃的现在，大公司仍然在进行大量的应届毕业生招聘。

这一行为既有功也有过，其最重要的贡献是，多亏了这些大量录用，日本才能实现较高的青年就业率。所以，与其他国家的失业率相比，日本的青年失业率要低得多。

通常，造成其他国家失业问题是由于青年人群缺乏技能。但是，由于日本以大公司为中心，大量录用并培训应届毕业生，所以失业问题不太可能发生。这是应届毕业生统一录用的最大优势。

如果在大学里不能掌握对社会有用的技能，那么就需要在公司进行学习或者依靠自学掌握这些技能。现今，大公司仍然会对应届毕业生进行技能培训。

但大公司=稳定的这个方程式已经被打破了。此时，有人会认为应该把就业的目光投向中小企业。但这同样是一种谬论。如果那个中小企业毫无发展，那么你就接不到重要工作，也就无法积累任何经验。结果，你既无法学习技能，也无法积累经验。

你没有技能，就不能换工作，于是就进入了恶性循环。因此，如果你要进行选择，不要在乎规模的大小，而是应该选择具有发展前景的公司。

公司能持续发展的4个要点

下面，笔者要进行提问。虽然这个问题稍微有点难，但请你试着回答一下。以下4个是公司能够持续发展不可缺少的要点，请试着给它们排列先后顺序。

①客户满意度。

②员工满意度。

③股东满意度。

④对社会的贡献。

那么，你的回答是什么呢?

接下来，先按上述顺序一一往下看。例如：如果降低客户满意度的优先级，结果会怎样呢?

曾经在食品行业发生过一则无视客户满意度的丑闻，涉事的顶级制造商很快就被迫解体了。

虽然这可能是极端的例子，但是其结果表明，这家降低客户满意度优先级的公司最终无法继续生存下去。如此看来，客户满意度的优先级无论如何都不能降低。

那么，降低员工满意度呢?

降低员工满意度的方法有很多。比如，向取得成果的人和未出成果的人支付同样的工资，那么结果会如何?取得成果的员工，积极性（干劲）可能会降低。这最终会导致商品或服务质量的下降，从而对业绩产生负面影响。这么看来，降低员工的满意度似乎也不行。

那么，再试着降低股东满意度。换句话说，就是使业绩下滑。随着业绩变差，股价就会下跌，股东的满意度自然就会下降。这样的结果如何呢?

答案很简单。业绩变差的公司无法向员工支付和以前同样水平的工资，那么股东就会要求管理层对员工进行裁员或降薪。如果工资降低，那么员工的满意度也会下降，因此，股东满意度也不能降低。

最后，试着降低对社会的贡献。此处，对社会的贡献并不是指公司对文化活动的赞助。例如，先来思考一下环境问题。近年来，无法妥善处理环境问题的汽车制造商将无法得到客户的认可（满意度）。据说在美国的几个州内，就连混合动力汽车也被认为对环境不友好，不能再进行销售。也就是说，对社会的贡献程度也不能降低。

讲到这里你应该明白了笔者在开头提问时写的“这个问题稍微有点难”的意思。持续发展的公司需要同时满足这4个要点，这是非常困难的。

这4个要点来源于笔者曾经向100家创业公司的经营者询问的内容。当时，笔者采访了100家公司的经营者，最后问了这个问题。其中，只有4家公司回答“4个要点都需要满足”。而10年后发展起来的公司也只有这4家。

也就是说，持续发展的公司绝对不会降低任何1个要点的优先级别。因为他们知道，如果忽视了某1个，日后就会加倍地反映到其他因素上。这是你在选择公司时不能妥协的关键点。

你选择的公司怎么样呢?

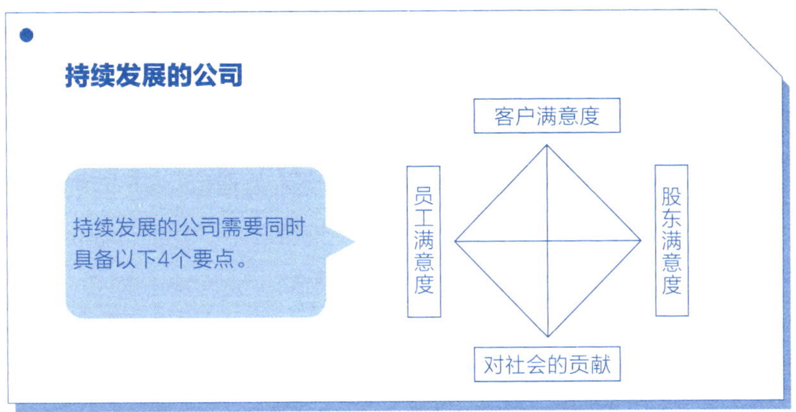

商务技巧 45：改变自己工作的意义

当把握“整体最佳导向”时，就能改变工作的质量

日本公司为了有效开展业务，将组织分割成“××事业部”“××总务科”等带有“部”和“科”的组织。人们通常从属于那些被分割的子组织。尽管这是公司分配的组织，但不可思议的是，人们在不知不觉中产生了以自己所属组织为中心进行思考的倾向。也就是说，人们会误认为自己所属的子组织就是全部。

而且，人们在对事物进行判断的时候，容易做出对于自己所属组织的最佳判断（局部最佳），而不是对于公司整体的最佳判断（整体最佳），会对公司产生不利影响。

“局部最佳”带来不利影响的情况

下面举一个例子，这是某客户与同一家公司的两个部门都发生交易的案例。该客户与A部门进行了大笔交易，但是当其与同一家公司的B部门开始新交易时，获得了力度很大的折扣。结果，A部门也被迫给客户打了折。这就是易于理解的“局部最佳”的例子。

笔者还听说过这样的事：当销售部门正在处理和大客户的纠纷时，后勤部门却进一步激发了公司与大客户之间的矛盾，导致交易中止。

笔者自己也有过类似经历。在笔者当销售员第3年的时候，遇到过一位与公司的交易额约1亿日元的大客户。当时，其他部门和该客户之间发生了纠纷。而笔者所在的部门却和那位客户保持着非常友好的关系，该客户称赞笔者是他们的“第二人事部部门经理”。

此外，产生纠纷的那个部门与该客户之间几乎没有进行过交易。其实，让事情变得复杂的不是纠纷本身，而是他们处理问题的方法。那个部门的销售科长不承认自己有错，而且不知道缘于何种误解，他对着客户脱口而出：“我们不和有这种想法的公司打交道。”说完就离开了谈判现场。于是谈判就此破裂。而且，在那之后他也没有开展过与该客户相关的任何跟进活动。

但是，该纠纷产生的根本原因，从客观上考虑还是因为笔者公司的其他部门对客户没有照顾到位。客户因此很生气，提出了“停止交易”的要求。最终，该纠纷不得不由与此没有直接关系的笔者来应对处理。

结果，引起纠纷的那个部门科长，在笔者和客户打交道期间，一次也没有去拜访过客户。他始终坚持一点：“我们部门已经放弃了交易，所以跟我们已经没有关系了。”由这种只考虑自己局部最佳的简单想法所引起的纠纷，给公司整体带来的不利影响是难以想象的。

如果作出这样的判断，那么无论是公司整体的发展，还是个人在公司内的职业发展，都不会有太好的结果。因为这种只考虑局部最佳的科长是很危险的，公司不可能把重要客户交给他。

引导整体最佳的明智方法

那么，应该怎么做呢？

你需要把握整体最佳导向，而不是只考虑局部最佳。做到这一点并不难。只要经常把握公司整体的动向，思考“如果你是公司的经营者会如何判断”，养成给自己的部门定位、为自己的工作赋予意义的习惯就足够了。

关于具体操作方法，请你先试着仔细完整地阅读公司的财务报表、项目计划书、主页或公司内部报道中刊登的整体方针或战略等信息。

在此基础上，请你尽可能和上司以及上司的上司保持沟通。也就是说，要从经营者的视角看待问题。为此，迅速掌握公司的整体动向很重要。

笔者听说过一个有趣的实验结果。某董事长向部门经理、科长、员工三者提出相同的问题，结果他们按照部门经理>科长>员工的顺序做出了相对合理的判断。

出现这种结果是因为部门经理的经验比科长和员工都丰富，而且他平时更容易接触到董事长提问中涉及的相关信息。也就是说，部门经理和其他两人面对的前提条件是不同的。因此，为了确保信息量相同，董事长将问题变成了与本公司完全不同行业的内容，此时部门经理和员工的判断差异就变小了。

当信息和经验相同时，人的判断不会出现太大差异。虽然经验很难被完全替代，但通过大量获取信息并进行整理，在一定程度上是可以替代的。同时，请你经常尝试这样的模拟训练：当你作为上司或经营者的时候，你会做出怎样的判断？这与商务技巧42介绍的GTR思考法中谷歌地图的镜头拉近技巧的思考方式大致相同。

现在，获取公司相关的信息变得非常容易。但是，大部分员工却甚至连自己公司的动向都没有掌握。你不妨试着从这一点开始做起。

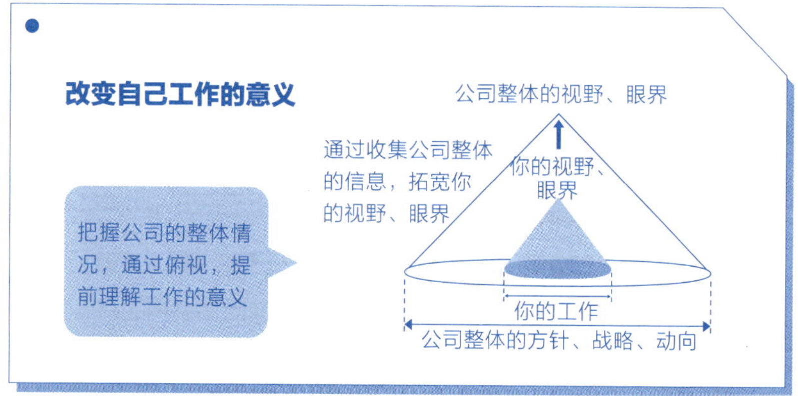
改变自己工作的意义
公司整体的视野、眼界
通过收集公司整体的信息，拓宽你的视野、眼界
你的视野、眼界
把握公司的整体情况，通过俯视，提前理解工作的意义
你的工作
公司整体的方针、战略、动向

商务技巧 46：如果改变工作被赋予的意义，成果就会改变

你人生中的浪费因“赋予意义”而消失

你是否听过“点与点相连（Connecting the dots）”这句话？

这是苹果公司的史蒂夫·乔布斯2005年在美国斯坦福大学的毕业典礼上说过的一句名言。他比喻说：“回顾过往，将乍一看似乎毫无关联的点与点连接起来，就会发生美好的事。”

乔布斯在大学中途退学后，只参加了自己感兴趣的艺术字体（美化字体的技术）课程。当时所掌握的知识与经验使此后苹果电脑操作系统研发中的字体功能得以丰富，这成了苹果电脑吸引设计师和工程师这类最前端用户购买的契机。在看起来似乎没有关联的“字体”与“电脑研发”之间实现了“点与点的连接”，这就是成功的基础。

当然，当时参加艺术字体课程学习的并不只有乔布斯，但是将该课程与电脑研发联系起来的只有乔布斯。他成功赋予了艺术字体新的价值，只有他将艺术字体这个“点”和电脑研发这个“点”联系了起来。

其实，在日常生活中也有很多不错的“点”。为看起来平凡的工作赋予某种意义，有可能会改变结果。

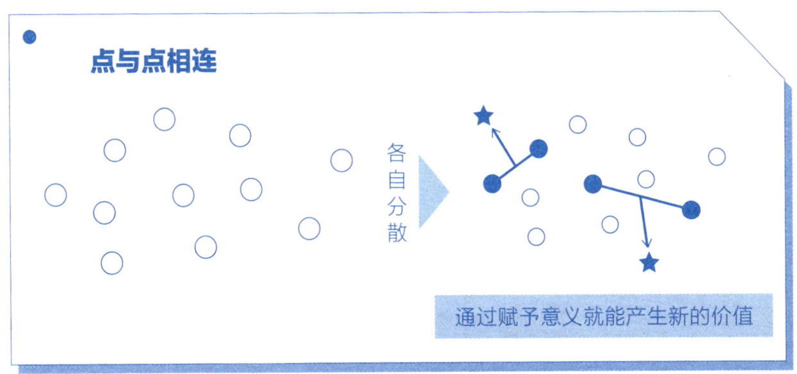

从砖瓦匠的寓言故事中学习“应赋予工作怎样的意义”

你知道关于砖瓦匠的著名故事吗?

有位旅人走在一条路上，他发现一名男子正在堆砌砖瓦。旅人问他：“你在做什么呢？”

男子痛苦地答道：“你一看就明白，我一天天地从早到晚都在砌砖，这真是无聊的工作啊。”

又走了一会，旅人遇到了另外一名正在堆砌砖瓦的男子。旅人问了他同样的问题，而这个砖瓦匠却自豪地回答：“我在砌一面巨大的墙，我靠着这份工作养活家人”。

再走了一会，又遇到另一名男子正在堆砌砖瓦，旅人又问了他同样的问题。第三个砖瓦匠神情愉悦地回答道：“我正在建造一座今后一定会名留青史的伟大教堂，将有很多人在这里接受祝福、驱散悲伤。这实在是太美好了！”

即使同样在堆砌砖瓦，但他们为这份工作赋予的意义是不一样的。那么，他们堆砌砖瓦的成果也一定会有所不同吧。

这三个男人中，能把砌砖这看似平凡的工作当作“点”的是第二个人和第三个人，且第三个人的“点”更大一些。为了将来能做到“点与点相连”，首先必须创造一个“点”。第一个男人没有这种可能性，第三个男人实现的可能性最大。

为本公司的商品价值赋予意义

这并不只是过去的事。现在，甚至还有公司在为其整体赋予意义。

这是笔者从某公寓销售公司的管理人员处听来的故事。据说，该公司的销售责任人中有一条规则，那就是“在找到自己所负责区域的最佳公寓之前不可以开展销售活动”。

例如，在该区域过去5年公司代理买卖租赁的公寓中，每户的平均面积80平方米以上、能满足80%以上住户的停车需求、在离主要车站5分钟以内的地段，满足这些条件的只有这个公寓。

为了找到自己所负责区域的最佳公寓，必须调查过去的房屋和现在在售的房屋。同时收集区域和竞争对手的信息也是必不可少的。如果能找到负责区域的最佳公寓，那么为了招揽客户的广告诉求点也就明确了。

这样一来，公司便能制作出优秀的广告，吸引想要入住公寓的目标客户。销售员也能充满自信地向客户介绍公寓、开展销售活动。

让笔者佩服的是，这一规则巧妙地展现了大家给所负责的公寓赋予的意义。同时，该规则也能灵活运用在公司经营的商品和提供的服务中。如果公司能导入以寻找本公司商品或服务对客户的意义为目的的相关流程，那么员工赋予工作意义的能力就会自然而然地提高。

卖“孔”而不是“钻头”的创意

类似的案例很多，其中有名的是这样一句格言：“买‘钻头’的人想要的其实是‘孔’。”它出现在1986年出版的《市场构思法》开头，作者是西奥多·莱维特。

对其正确的解读是：“去年我们卖出了100万个四分之一英寸[①]的钻头，但这不是因为人们想要四分之一英寸的钻头，而是因为他们想要四分之一英寸的孔。”

销售员向前来买钻头的人说明钻头的性能是没有意义的，比起介绍钻头的性能，更重要的是确认客户“想在什么地方开什么样的孔？”“由谁来开孔？”“是否需要定期开孔？”。这些也许能为你赋予工作的意义提供参考。

为了能正确给工作赋予意义，你可以对今天一天的生活进行回顾。大约从2014年开始，笔者会在傍晚到夜晚时分回顾自己一整天的生活并以“今日的感谢”为主题在脸书上投稿。这个习惯使笔者的每一天都充满意义。

虽然笔者采用的是“感谢”的主题，但笔者觉得使用其他主题也是可以的。笔者会回顾一天的内容，在脑海中回想自己做过的事情和一起做事的人，然后写成文章。虽然这只是一件小事，但却能为自己每天的工作和活动赋予意义。

① 1英寸＝2.54厘米。——译者注

商务技巧47：
挖掘显性理由和潜在理由
人们言论或行动里隐含的“真正理由”

在商务领域，一个人能做的工作有限，大部分工作很多时候都是需要跟别人一起合作完成的。此时，有一种需要提前掌握的思维方式。即对待任何事情都应该保持“人的言论和行动都有一定的理由”的思想。

这个理由分为两种。一种是显性理由。对于这种显性的理由，本人是有意识的。另一种理由是潜在理由，这是很多时候连当事人自己都无法察觉的理由。

请你先记住这两种理由。

本人能意识到的显性理由

我们先来看看表露出来的显性理由。

那是笔者刚成为招聘广告的销售员时所发生的事。笔者有过这样一段痛苦的经历：当时，笔者去拜访了一位客户，但我们未能谈成合作。然而第2周，当笔者与销售员前辈同行时，客户却和我们谈成了大笔交易。

在笔者一个人去拜访时，这位客户的态度十分冷淡，但在销售员前辈面前，他会详细地咨询其公司相关的招聘事项。“现在我们在考虑扩展新的事业，因此想要在销售上有所强化，那么我们是对现有的销售员进行培训比较好，还是从外部招聘人员比较好？”他向销售员前辈一一请教。结果是，在培训和招聘广告这两方面，我们都和客户达成了交易。

对客户来说，跟笔者和销售员前辈都是第一次见面，那么我们俩有什么差异呢？后来有一个直接询问客户的机会，笔者试着询问了原因。客户的理由是："我认为对我们公司来说，新事业成功与否至关重要，而其中的招聘和培训正是成功的关键。为了提高成功率，我希望能和专业人士商量，而你的前辈正好满足这个条件。"

这是一个让人倾听后感到信服的理由。因为本次商谈非常重要，所以客户希望与经验和知识都比较丰富的前辈进行谈判，而不是与新人。这么做的理由非常明确。确实，"选择前辈"的行为有明确的理由。

在这个案例中，笔者和公司内部人员、并且是培养笔者的负责人之间产生了竞争，但是当这种竞争存在于笔者与外部同行业的销售员之间时，结果又会怎样呢？恐怕是笔者未能谈下这笔交易，而交易却被同行业的其他销售员抢走了。

这可是一件大事。

于是，从那以后，为了让客户把自己当作招聘专家，笔者不断学习知识，想给客户展现出自己的专业性。结果，客户的咨询变多，交易量也增加了。也就是说，笔者明确了"客户选择我"的"合理理由"。

留意本人没有意识到的潜在理由

但是，后来笔者发现了一件有趣的事情。这就是前文提到的"人的言论和行动都有一定的理由，但有时会出现当事人都未能察觉的理由"。

这就是潜在理由。

在上文的例子中，客户自己已经说明了"与前辈商谈"这一行动的明确理由，这是因为销售前辈是招聘专家。

但是，除此以外还有潜在理由。客户与销售员前辈是同乡，且从同一所学校毕业。虽然客户本身并没有意识到这一点，但在不知不觉中他还是希望得到同乡兼同校（笔者的销售前辈）的帮助。于是，这位年长的客户更希望把交易的机会交给其同乡及同校的销售员前辈。

有人将人的情感和心情比作冰山，从海面可以看到的只是极少一部分，大部分藏于海面之下。确实如此，有着海面以下潜在理由的支撑，显性理由才露出了海面。

在人的言行背后，肯定有形成这种情感和心情的理由。请注意，你不仅要关注他人与你交流时表面上显露出来的言论和行动，更需要关注其背后存在的两层理由。

不过，有时候他本人可能都没有意识到这个理由，更何况是你这个外人，他绝不可能轻易把理由告诉你。此时，你需要根据自己的经验，利用事先掌握的信息进行类推。至少，你需要有这样的意识。

如果你能够尝试理解对方言行的背景，就能大幅提升与他人沟通的水平，也就能在工作上取得更大的成果。

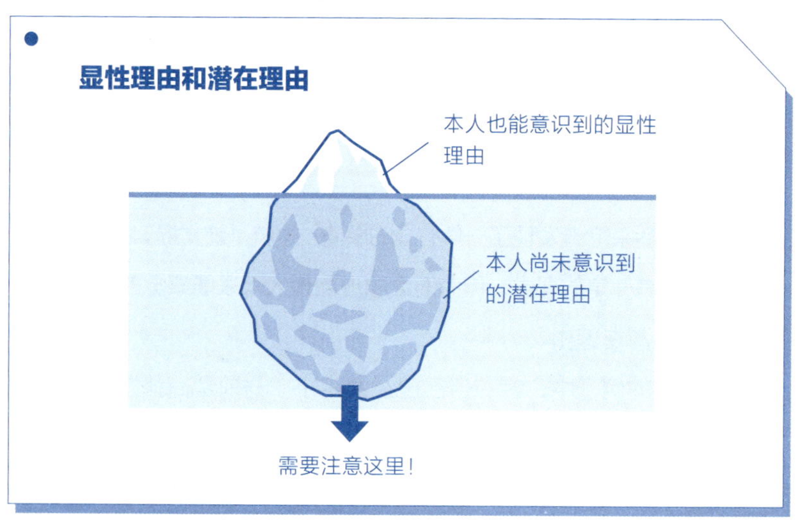

商务技巧 48：为什么无法被上司理解

上司与下属的“焦虑”机制

笔者有时会从其他部门的员工那里听到以下抱怨：

“即使我向上司表达不满，情况也不会有任何改变，这是为什么呢？”

如果是本部门的事情，笔者可以自己处理，但如果轻易干涉其他部门的事情，就是越权行为，所以必须慎重对待。

员工因各种各样的理由感到不满，例如他们认为上司没有考虑到战略、工作战略与战术之间缺乏统一性、职场环境不佳、考核缺乏公平性等。除此以外，还有普遍意义上对男女的区别对待、性骚扰和权力骚扰等问题。日常生活中，任何职场上都有可能发生这些大大小小的问题。

但是，在刚才提及的案例中，员工并不是想向笔者咨询“某方面存在的问题”，而是对“明明已经跟上司反映过了却没有改善”的情况表达不满。先来假设一个具体的情景。

都已经赌上职业生涯拼命地表示不满了

当职场中出现十分明显的大问题且改善毫无希望的时候，你也想向上司提出建议吧？向上司表达不满可能会影响对你的评价，之后你将难以在职场立足。但你依然鼓起了勇气，如果使用极端的说法，就是你赌上了职业生涯向上司表达不满。

然而事实跟你想象的不一样。看起来上司也是赞同你的说法的，

“太好了，这样这件事情就解决了。还好我跟上司说了这件事。”你如此想道。

但是过了一段时间，事情仍旧没有发生任何改变。你对没有任何改变的现状心怀不满，之后就连与该上司一起工作都变得厌烦起来。这样一来，此后不管你向上司传达什么都会被他当作“不满”而不是“提议”。“我想要的结果明明不是这样的。果然，公司这种组织就是这样的吗？”你变得非常沮丧。

为什么会发生这种事情？如果你能提前理解它的结构，就会明白应该如何应对了。

想传达的内容层层递减的原因

地点是会议室，你正在与上司面谈。

你想把平时发现的问题传达给上司。你可以使用感性的方法传递信息，但感性表达是最后的手段。作为商务人士，使用理性冷静的表达方法是最基本的。

假设这个问题很严重，其严重程度用数值表示为100分。会议结束时，你应该已将这严重程度为100分的问题传达给了上司。但是，结果上司只认识到了问题严重性的10分之1，也就是严重程度降为10分左右。

原本严重程度是100分的问题，在哪里降低了呢？

你解释说明的部分被扣了20分，因为当你面对上司时会使用敬语解释。当然，笔者并不是希望你去跟上司吵架，但如果一直使用敬语的话，你已经赌上了职业生涯的气势就无法体现出来。

谈话继续进行，上司似乎感受到了一些问题的严重性，因为他表现出了平日难以见到的严正态度，看起来也像是在反省。看到这种情况，你就不会把想说的内容全部说完了。这也是无法顺利传达的关键原因。此处，又被减去了50分左右，这样一来，原本想要传达的严重程度为100分的问题被减到只剩下30分了。

此外，人们一般会使用各种方法将对自己不利的因素合理化。

《伊索寓言》中就有关于“合理化”的简单例子。

这个寓言说，有一只想摘葡萄的狐狸，当葡萄串的位置太高摘不到的时候，它就会说“那个葡萄很酸，摘不下来也没关系”，以此来使自己的行为正当化。

在这种情况下，上司也会将自己的问题合理化，认为“向我进言的员工，一定是最近压力太大，所以才想向我倾诉”。于是，严重程度又降低了大约20分，那么上司所认为的问题严重性就只有10分左右了。

就算跟上司传达过了，最终也会变成这样的结构。你要提前了解这一点：除非运气相当好，否则只传达1次事情是不会发生任何变化的。你需要耐心地改变内容和形式，持之以恒地继续传达。

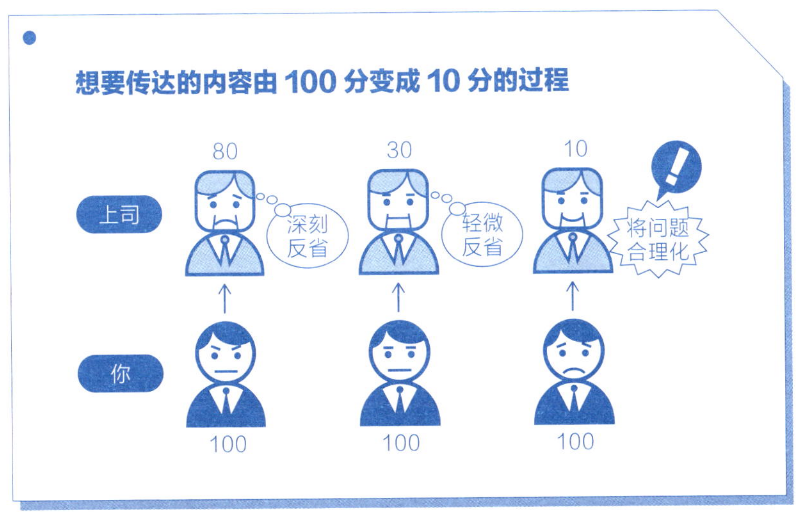

商务技巧 49：明白不该解决的问题的存在

解决该问题是否具有“经济合理性”？

公司里有两类人，“问题发现者”和“问题解决者”。这种表达方式也许会让人联想到“股东会刁难者”之类的词，像是在写同事的坏话，但事实绝非如此。

同事们普遍非常优秀，能不断发现并解决公司的问题，是值得信赖的人才。特别是能够发现问题的人是非常可贵的，是罕见的人才。当然，他们在公司内部的评价也很高，他们将会顺利地积累经验，然后出人头地。

但是有一部分“问题解决者”会误认为“解决问题”就是目的。

“为什么？”“问题不就是应该被解决的吗？”

那么，他们的问题出在哪里呢？

实际上，在商务领域中存在“不该解决的问题”。换句话说，当知道有些问题的存在之后，人们就应该置之不理。

为什么会这样呢？先来看一下此类问题的结构吧。

解决了该问题还会浮现出新的问题

首先需要了解的一点是：解决了1个问题之后，势必会产生新的问题。最糟糕的情况是，在解决了某个问题后，可能会出现比原问题更大的新问题。如果不解决原本的问题，就不会产生这个新问题。

这里可以举一个有代表性的例子：人们为了解决农业用地不足的问题而实施填海造田，结果对海苔养殖和近海渔业产生了不利影响，进而又引发了新的环境问题。

在商务领域，想要解决问题，是因为“如果对问题放任不管，就会产生不必要的成本损失”。人们想要通过解决问题来消除这种成本损失。

这里将这种成本损失假定为L（单位为万日元）。而解决问题也需要成本。在刚才的例子中，指的是为了填海造田而产生的建造水坝和堤防的成本，假设该成本为I（单位为万日元）。

即使在问题已解决且没有产生新的重大问题的情况下，只要“$L>I$”这个不等式不成立，就不具备解决问题的经济合理性。也就是说，当“$L<I$”时，对问题放任不管会更好。当然，这里提到的成本不仅仅是指向外部支付的费用，还包含员工的劳力、时间以及机会成本等，需要从多方面进行判断。

此外，在解决了原问题后又引发了新问题的时候，该怎么办呢？假设因产生新问题而造成的成本损失为L_2（单位为万日元），则需要“$L>I+L_2$”这一不等式成立。当然，此处的L_2也可以用解决这个新问题所需的成本I_2（万日元）代替。

在瑞可利集团感受到了“不该解决的问题”的存在

这是在笔者被派驻到瑞可利子公司时发生的事。

笔者曾经和人事部门的成员一起向那家子公司的董事长提出“事业部门之间兼职人员的调动存在问题”。根据时期和事业部门的不同，兼职工作也会有忙闲之分，因此当时我们提议可以通过调整这些工作，削减招聘和培训成本。

对于这个提议，董事长是这么回答的：

“我觉得如果是在2年前，确实应该这么做，但现在招聘和培训成本都差不多降下来了，每年的订单金额为数百万日元（该公司当时有1000名兼职人员）。如果这笔费用接近1亿日元，那么我是希望这个问题能解决的，但如果只是数百万日元，并且在无法将它清零的前提下，我想我们还是在知晓这件事情的基础上维持现状吧。”

也就是说，这个问题满足“$L<I$”。确实，如果经过精确计算，你就能发现存在这种不等式的关系。

很多人认为，如果发现问题，对其放任不管是件坏事。笔者之前也是这么认为的。而且，当前在为解决问题所制定的决策草案中，很多时候并没有提到会因解决问题而产生新问题的可能性。

但实际上，在解决某个问题之后，还会产生其他大大小小的新问题。在考虑这一内容的基础上，如果你能从多角度出发，通过经济合理性来分析解决问题的利弊，那么你的工作水平应该会有质的飞跃。

存在不该解决的问题情况

①即使解决了问题也不产生新问题的情况

解决问题所需要的成本比对问题放任不管而损失的成本更高。

对问题放任不管导致的成本损失（L）

解决问题所需的成本（I）

②解决问题后引发新问题的情况

解决问题所需的成本和对新问题放任不管所产生的成本损失，两者之和高于不处理原问题引发的成本损失。

对问题放任不管引发的成本损失（L）

解决问题所需的成本（I） ＋ 对新问题放任不管引发的成本损失（L_2）

商务技巧50：
你是否在为“另一项工作”付出精力
不需要努力隐藏自己的弱点

罗伯特·凯根在《为什么能互相展示弱点的组织更强大》一书的开头，写了关于“另一项工作”的内容。

“大多数从属于组织的人都在为本职工作之外的‘另一项工作’付出精力。这是一份以隐藏自己的缺点、不安和极限为目的的工作。通过隐藏自己的弱点，修饰自己的形象，让自己看起来更优秀。通过无意识地‘逞强’，大家都耗费了大量时间。我们是不是应该将精力用在能创造更多价值的事情上呢？否则，这笔损失就太大了。”

由此笔者想到了一件轶事。

1位大阪经理的轶事

这是以前笔者担任信息杂志的企划经理时发生的事情。

那本信息杂志内刊登的内容分地区有不同的商品，杂志在各地区的价格体系不同，制作工艺也不同。当时笔者立下目标，要在杂志上刊登同一商品的信息、使用同一价格体系和同一制造工艺，不分地区，实现标准化。

这种做法具备多方面优势。最好的内容可以在全国其他地区横向推广；价格体系的标准化减少了与客户的价格谈判次数；经验不足的销售员也能提升销售效率、早日成长起来。

当然，由于这是大规模的改革，可以预想改革初期会产生一些混乱。但当笔者向各区域的部门经理仔细解释说明后，几乎所有人都理解了此次改革的意义并认同笔者的想法。

但是，有1位大阪的经理以“无法接受”为由，越过笔者直接跑到东京找笔者的上司谈判。

他在与上司面谈的资料中，对大阪的市场进行了细致的数据分析，并有条不紊地阐述了此次改革在大阪无法实施的原因。尽管如此，这个理论还是存在不少漏洞的，同在现场的笔者完全可以反驳。

但是，笔者的上司并没有反驳他的内容，而是嘟哝了一句。

“哎呀，你真的好聪明啊。你能不能把这份聪明、热情和精力用在支持中尾的工作上，而不是用来解释该政策无法实施的原因呢？”

大阪的经理应该是准备了各种问题的答案，但他似乎没有预想到面对这样的问题该如何应答。

彻底愣住的他对笔者的上司说道：“我明白了。”并在1周后完成了如何才能实现标准化的报告，积极地推进了该改革的实施。

不要为隐藏“弱点”而耗费精力

笔者在规范培训的价格体系时也遇到过同样的反馈。培训的价格体系是“①讲师单价×培训天数+②上课费用×参加人数+③各种经费”。

当时①中的培训讲师单价有6种，②中的上课费用有7种，③中的各种经费有5种，组合起来有超过20种模式。每个客户的培训天数和参加人数都不一样，虽然计算公式很简单，但全部都是变量。

这样，经验不足的销售员就会感到头脑混乱。而且，如果不向客户确认培训天数和上课人数，就无法计算正确的价格。每当有客户询问价格时，销售员都必须用智能手机的计算器进行计算，导致销售效率极低。

于是，笔者决定简化价格体系。

笔者将培训讲师单价、上课费用、各种经费的种类减半，也为由客户决定的培训天数、参加人数制定了标准数值。这样，即使客户向销售员提问，他也可以简单作答。

但是，负责大客户的老销售员却提出反对，他们用具体的例子来恐吓笔者（对笔者来说就像是恐吓）：这样做会收到客户的大量投诉，导致销售额下降。

说实话，笔者确实有些胆怯。但是，当笔者去找负责小客户的呼叫中心销售主管咨询时，得到的回复却是："完全没有问题，只要能简化流程，销售额就能不降反升"。年轻销售员也对笔者的做法表示赞同。

对于此做法，原本有销售能力的老销售员表示反对，而原本几乎没有销售能力的呼叫中心和年轻销售员却表示了赞同。

笔者事先进行了客户满意度调查，并对其进行了回归分析（哪个项目的影响较大），发现与价格相比，大客户的满意程度更受培训成果的影响。

也就是说客户虽然在管理预算费用，但是会更加重视培训成果。

虽然做出这个判断很难，但是笔者还是决定要规范价格体系。结果，我们没有收到任何1家公司的投诉，而且销售员的行动效率提升，销售额也增加了。

大阪的经理和老销售员的行为不正是罗伯特·凯根所说的为了隐藏缺点而耗费的时间吗？完全是不必要的浪费。

如果大家或者周围的人都在致力于"另一项工作"，那么组织的生产效率就会大幅下降。很想对此定期进行检查。

第6章

掌握管理的原理原则

本章将学习管理的相关内容。提到管理，可能有人会认为这1章是为管理人员而写的，但本章的内容是对所有人都有用的。

如果查字典，管理在字典中的解释是“为了不偏离某种基准而去控制整体”，有对某些事物进行检查的含义。

如果管理的对象是机械和零部件处理相关的“品质管理”或“生产管理”，那么该解释说得通，但如果是指对人的管理，那么这种想法就行不通了。因为人本来就是多种多样的，而且价值观不同。这一点应对起来虽然很棘手，但也很有趣、充满意义。

管理是需要技能的。大致分为2种，一种是管理人员的技能“人员赋能（PE，People Empowerment）”，另一种是管理工作或项目的技能“项目管理（PM，Project Managment）”。这里用“技能”来表示是因为它们可以通过学习掌握。但是，没有这些技能（没有学会）的人，如果承担管理工作，就像没有技术的人做外科手术一样。

即使进展顺利，也不过是偶然。

然而，日本公司有一个坏习惯，就是让工作年限长的人、有其他业绩（如销售业绩）的人承担管理工作。这是因为有一种误解，认为管理者是1个很伟大的角色。

但是，管理者只是一个掌握了技能的角色。

因此，它本来就与伟大与否无关。

笔者希望现在担任管理职位的人，能阅读这一章，确认自己是否已掌握了技能。

另外，管理的对象并不局限于下属。如果能习得这两种技能，也可以运用到对自己的管理、对家庭或者社区的管理中。管理技能的应用范围非常广泛。

笔者认为本章对以下人群有所帮助。

☑ 现在担任管理职位的人。

☑ 将来要担任管理职位的人。

☑ 不擅长与上司、下属沟通的人。

☑ 不明白上司想法的人。

☑ 不擅长安排工作的人。

本章将介绍解决这些问题所需的12个商务技巧。

51 对管理的2个致命误解。

52 人员管理是赋能。

53 任务分配。

54 九宫格的活用。

55 优秀管理者的反馈。

56 工作管理是项目管理。

57 项目管理知识体系的基本内容。

58 创造组织通用语言的重要性。

59 “展示弱点的咖啡馆”

60 PDDS。

61 关键绩效指标管理。

62 使用数字管理的利弊。

商务技巧 51：对管理的 2 个致命误解
管理不是“伟大的人”从事的工作

管理总是摆脱不了一种检查他人的感觉，并不是什么好的形象。当然，人们对管理者也肯定没有好印象。

有数据表明，管理者仅仅是责任变大，并没有获得与其相匹配的利益，比如工资不会上涨，所以不愿意从事管理的人越来越多。特别是对于中层管理者来说，夹在高层管理者与一线人员之间是件很辛苦的事，因此也能听见一些不愿担任中层管理职位的声音。

另外，扁平式组织或矩阵式组织等受到了人们的关注。在这些组织里没有阶层。最近，还有一种言论也比较盛行，讨论关于管理职位本身是否有存在的必要。笔者从35岁以后就决定要把管理作为核心技能好好掌握，而在这种背景下，笔者的做法在很大程度上是与社会形势背道而驰的。

但是，笔者觉得人们对管理或者管理者存在很大的误解，表现在以下两点：

①管理需要的不是技能而是经验。
②管理是管理者的工作。

本章将要消除这两个误解。

“管理需要的不是技能而是经验”

首先是关于“管理需要的不是技能而是经验”的致命误解。可以明确地说，管理是肯定需要技能的。因为是技能，所以可以通过学习获得。反过来说，如果没有技能，就无法进行管理。但非常不可思议的是，很多人认为即使不学管理，只要在公司工作并积累一定经验就能胜任管理者。

例如，笔者刚毕业时进入的公司就有这样的说法："只要在公司工作了10年，差不多就可以晋升为管理者。"笔者认为这就是人们误以为只要有一定的工作经验就能胜任管理工作的证据之一。或者，还有大部分公司在员工晋升管理岗位之后才进行新任管理者培训。这是在任用不具备管理技能的管理者之后所进行的速成培养，也是人们错误地认为仅凭经验就能做好管理工作的证据之一。

为什么人们会倾向于根据工作经验或者年龄等因素选择管理者呢？这是因为受到了过去"管理者比员工更伟大"这种思维模式的影响。在过去以制造业为中心的经济高速增长时期，工作经验和对工作的熟练程度是有关系的。也就是说，有工作经验的人比没有经验的人更有优势。

但是，在这个变化巨大的时代，仅凭过去的工作经验已经无法担任管理者了。然而，在管理职位的任用方面还有一些公司仍在沿用以往的运作模式。

"管理是管理者的工作"

其次是关于"管理是管理者的工作"的误解。

某信息技术公司将普通员工称为"专业人员"。专业人员被要求拥有一项卓越的专业技术，如果员工拥有的专业技术在两项以上，就能晋升为高级专业人员。此时，当其中一项专业技术是"管理"时，就能被任用为管理者。

这么看来，管理者与其他的高级专业人员相比，并没有伟大与否的差别，而只是单纯地表现为“专业性的不同”。

也就是说，管理并不是管理者的工作，只不过是他的一种角色。

什么是管理中的必要技能

那么，管理到底需要什么样的技能呢？

需要的技能大致分为两种：一种是人员管理，另一种是工作管理。

如前文所述，“管理”这个词的意思被误解了。管理并不意味着你一定要检查别人的行动，也没有要求你毫无意义地对任务进行详细检查。

换言之，人员管理是“人员赋能”，而工作管理是“项目管理”。

从理想的状态来看，掌握这两种技能的人所担任的角色就是管理者。

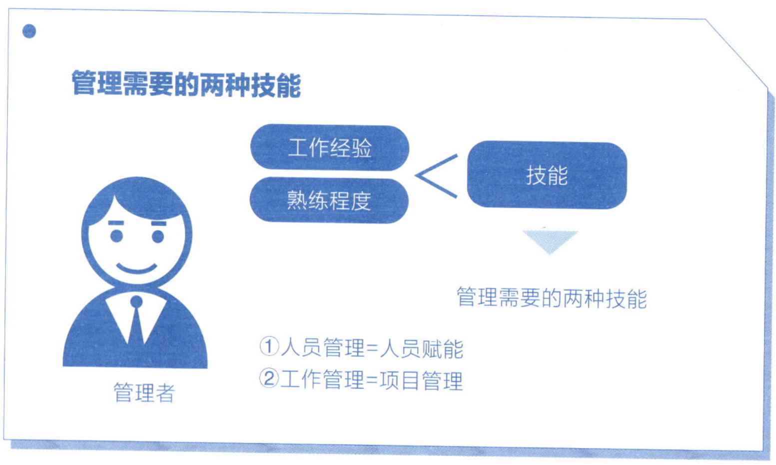

商务技巧 52：人员管理是赋能
优秀的管理者会对W、C、M这3个圈进行调整

那么，笔者首先解释管理所必备的两项基本技能之一的“人员赋能”。

人员赋能的3要素

不限于工作，人在什么时候会努力呢？应该是正在做“想做之事”的时候吧。把某人想做的事情用“将”（Will）或者“想”（Want）来表示，缩写成该英语单词的首字母“W”。

人一旦有了想做的事情，就会为了实现它而努力，并为之学习相应的技能。也就是说，人“能做的事情”会增加。该观点用“能”（Can）来表示，缩写成该英语单词的首字母“C”。

另一方面，工作中有时候会有希望某人承担的事务，也就是交代他的任务或他所负责的业务。该观点用“必须”（Must）表示，缩写成该英语单词的首字母“M”。

这3个观点W、C、M分别用圆圈来表示。对于工作的个人来说，这3个圆圈处在怎样的状态时是理想的呢？

观察3个圆圈的重叠方式

第1种圆圈的关系表现为圆圈W不存在，圆圈M和圆圈C相互分离。也就是说，在这种状态下自己想做的事情并不明确。

另外，用来表示承担的事务的圆圈M和表示自己能做之事的圆圈

C也没有重叠。也就是说，公司要求你做以自己现有的技能无法完成的业务。这是相当痛苦的状态。因为你不得不去做不想做、也不会做的业务。

第2种圆圈的关系也表现为圆圈W不存在，但是圆圈M包含在圆圈C里。也就是说，我们可以用现有的技能完成公司分配的任务。

乍一看，这是一种不错的状态。但如果这种状态持续时间较长，情况就不太乐观。为什么呢？

因为你用现有技能就能完成任务，所以很难产生学习新技能的动力。如今，为了顺应时代的变化，人也需要进行相应的改变。持续学习是非常重要的。但是，如果第2种状态持续下去，你很有可能不再养成持续学习的习惯。从长远来看，这是一个很大的问题。

第3种圆圈的关系是非常好的状态。外侧的圆圈W与圆圈M重叠，内侧是圆圈C。也就是说，我们自己想做的事和公司的要求是一致的。

而且因为圆圈C在内侧，所以用现有的技能无法完成自己想做的事或公司要求的工作，这样一来，学习技能就成了必然。学会了技能，就能完成自己想做的事情，这是特别令人开心的事。你们应该都有过这种体验。

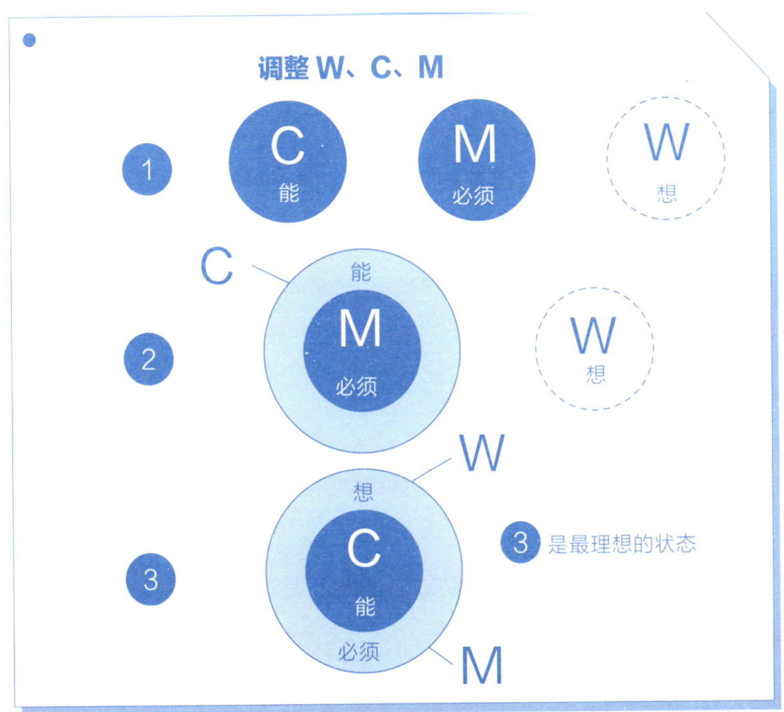

管理者的工作是调整这3个圆圈

管理者承担的角色需要在了解员工的W和C的基础上，分配M。而且，需要尽可能按照第3种状态调整人员和任务的分配。

这就是"人员赋能"。赋能的对象不只是下属（员工），也包括自身。自己给自己赋能是最终目的。

笔者在之前所从属的组织中导入了目标管理制度，明确员工3年后的W、实现该目标所需要的C和公司要求的M。

后文将要介绍的任务分配、九宫格等就是具体实施"人员赋能"的方法，请你一并参考。

商务技巧53：任务分配
引导员工实现目标的基本技能

所谓任务分配，从狭义上理解就是“把工作分配给员工”，从广义上理解就是“进行工作设计”。如果从更广义的角度去理解的话，称为整体管理也不为过，这是非常重要的技能。

但是，认真学习这项技能的人应该很少吧。本节中笔者将教你如何进行作为“工作设计”的任务分配。

任务分配的3个基本步骤

进行任务分配需要具备基本技能和应用技能。笔者首先从基本技能开始说明。

基本技能由如下3个步骤构成：

①明确目标。

②根据目标倒推来制订计划。

③制订日程。

“明确目标”指的是制作项目任务书的部分。根据组织主要任务的不同，把目标、当前假设、过程、观察方法、达成标准汇总在一张纸上。项目任务书在项目推进之后会根据需要进行修改、订正。

通过制作这张项目任务书，所有的项目成员都能掌握任务的概要。在名著《一分钟经理人》（*The One Minute Manager*）一书中，也提到了制作项目任务书的重要性。

“根据目标倒推来制订计划”指的是通过逆推完成目标所需的工

作及任务来制订计划，进而减少无用之功、提高工作效率。

“制订日程”指的是根据所制订的计划，设定适当的项目缓冲区，以便能应对意外情况。

任务分配的应用技能

应用技能由如下2个步骤构成：

①设定弹性任务。

②将所有员工的任务可视化。

“设定弹性任务”指的是在预想可能遇到的困难后再设定任务。请确认图中圆圈W、C、M三者关系中的最佳状态，你只需要分配仅依靠现有的C无法完成的任务。能从更高的视角来设定任务，这正是管理者才能做到的事。

如果M和C之间的差距过大，员工就会放弃达成目标。设定适当难度的任务，正是管理者水平的体现。特别是在执行高难度任务时，很容易出现问题。管理者要提前设想问题会在哪里发生、是否需要在公司内外进行调整。

而且需要注意的是，只有在员工遇到困难时管理者再进行干预。笔者在刚成为销售员时就遇到过这种情况。当时，如果不提高自己的能力，就无法为自己所负责的客户提供方案。多亏了这次机会，使笔者在销售领域拓宽了眼界与视角。

“将所有员工的任务可视化”是笔者自创的工具，称为“大型Excel表格”。

请见下表，在表的纵向部分记录主要任务，在表的横向部分记录员工的名字。然后，在表的交叉部分记录任务份额，使每个人的任务份额合计为100%。

这样一来，就能掌握每项任务的相关人员和合计工时。通过确认完成这项任务所需工时的多少，可以设定所有员工的任务。

制作这个一览表之后，就能相对容易地比较相同任务的难度。笔者建议你在设定员工的任务之前制作这样一个“大型Excel表格”。

整体任务规划（以组织负责人为例）

	任务内容	合计	经营计划	战略推进	采购	招聘1	招聘2	人事培训	人事部
			A	B	C	D	E	F	G
			100	100	100	100	50	100	100
企划、总务采购业务	信息收集（公司外部）	20	10	10	—	—	—	—	—
	信息收集（公司内部）	0			—	—	—	—	—
	全公司方案的制定及实施	40	20	—	—	—	—	20	—
	董事会运营	20	20	—	—	—	—	—	—
	企划统筹部运营	10	10	—	—	—	—	—	—
	观察（可视化）	10	10	—	—	—	—	—	—
	总务业务	20	20	—	—	—	—	—	—
	公司外部宣传方案的制定及实施	30	—	30	—	—	—	—	—
	公司内部宣传方案的制定及实施		—		—	—	—	—	—
	统筹部门之间共享	20	—	20	—	—	—	—	—
	人才管理统筹部运营	20	—	20	—	—	—	—	—
	信息技术统筹部运营	10	—	10	—	—	—	—	—
	制定采购方案	20	—	—	20	—	—	—	—
	获利采购	20	—	—	20	—	—	—	—
	采购业务信息化	20	—	—	20	—	—	—	—
	采购可视化	20	—	—	20	—	—	—	—
	采购业务培训（防止假冒等）	10	—	—	10	—	—	—	—
人事业务	人事企划业务	30	—	—	—	—	—	20	10
	人事培训运营业务	20	—	—	—	—	—	20	—
	培养方案的制定及实施	30	—	—	—	—	—	30	—
	招聘计划的制订及实施	70	—	—	—	40	10	—	20
	招聘活动的进展报告及修改计划	50	—	—	—	20	10	—	20
	招聘目标的达成	70	—	—	—	30	20	—	20
	灵活办公	10	0	0	0	0	0	0	10
	*内部统筹	10	—	—	—	—	—	—	10
	创新	70	10	10	10	10	10	10	10

商务技巧54：九宫格的活用
把握员工的动力和技能

通过制作任务分配的“大型Excel表格”，可以轻松地对任务和人员进行分配。那么，针对每项任务，管理者可以对员工进行哪些干预（委任、协助、指导、指示）呢？能对此进行确认的工具就是下文要介绍的九宫格。这是笔者参考名著《一分钟经理人》《一分钟领导力》所制作的工具。笔者想用以下3个步骤说明它的使用方法。

步骤❶　把管理标准从“人”变为“任务”

在笔者刚踏入社会的那年，下属所做的事情，也就是“任务”，是由上司明确决定的。对于经验不足的下属，上司根据自身的经验对其做出各种指示，这种管理方式是当时的主流。在这种方式中，上司定期接受下属的报告、联络、咨询，且每次都给予指示，要求下属做出修正。

随着下属的成长，上司的管理模式由事无巨细的指示变为一定程度上的委任，促成了下属的独立自主。也就是说，对于经验不足的下属进行“指示”、对骨干下属进行“委任”，这是以劳动者的熟练程度为标准的、以“人”为准的管理。

在九宫格中需要将这种“人”的标准转变为“任务”的标准。

步骤❷　增加管理模式的分类

那么，当“任务”成为标准的时候，需要怎样的管理呢？肯・布兰佳等人在20世纪80年代撰写的《一分钟领导力》里，列举了指示型、指导型、协助型、委任型这4种管理模式。

管理模式根据指示的多少划分，人们可以将指示多的情况定义为“指示型”，指示少的情况定义为“委任型”。因为以前很多日本企业是按前文所述“人”的标准进行管理的，所以这2种管理模式已经足够了。

然而在当今社会，为了把管理的标准由“人”转变为“任务”，有必要灵活地对协助型和指导型这2种模式进行提前划分。下面将对这4种管理模式做出补充说明。

①指示型：指示多、协助少

上司事无巨细地指示、控制、监督下属。下属高频度地报告、咨询、联络。

②指导型：指示多、协助多

上司帮助下属独立思考，在必要的时候予以指导。下属定期报告。

③协助型：指示少、协助多

上司倾听、督促、表扬下属。有时候上司也会变为项目组的成员。下属自主开展工作、定期报告。

④委任型：指示少、协助少

上司委任下属，只要不超过提前设定的临界线就对其放任不管。下属定期报告。

步骤❸　活用九宫格进行管理

那么，对于什么样的任务、用哪种管理模式比较合适呢？在做这个决定时，对于每项任务，上司都必须准确把握下属的动力和技能状态。这一点可以灵活使用九宫格进行分析。

九宫格是动力和技能的矩阵。可以将下属的动力和技能做成矩阵来决定管理模式。首先需要制作1张图，将横轴上的动力（干劲）划分为高中低3个级别，将纵轴上的技能（素质、能力、经验）也划分为高中低3个级别，组成了9个格子。

通过这张图，上司和下属对每项任务在九宫格的位置进行确认。

例如，对于下属的某项任务，上司和下属分别思考其应该位于九宫格的哪个位置，然后同时指出该位置。如果所指的位置相同，就可以认为他们对任务的认知是相同的。

当位置不同时，需要确认两者的认知差异，并进行调整。在这种情况下，如果横轴（动力）优先考虑下属本人的意见，纵轴（必备技能）优先考虑上司的意见，就更容易达成共识。

根据确认过的九宫格区域，就能确定适当的管理模式。

①表示动力的横轴为"高"、表示技能的纵轴为"低"的情况

⇒指示型

②表示技能的纵轴为"中"的情况（与横轴无关）

⇒指导型

③表示动力的横轴为"低"或"中"，表示技能的纵轴为"高"的情况

⇒协助型

④两轴都为"高"的情况

⇒委任型

委任型中，上司需要提前明确目标和临界线（不能做的事情）。

除此之外，关键是对下属保持关注。

当下属几乎没有动力，也没有掌握技能，即位于九宫格最下方的左边2格时，就需要重新考虑是否要把该任务交给这个下属了。

笔者曾在人事部门、接待部门、信息技术部门、研究部门等多个部门从事过管理工作，有的任务在笔者的专业领域外，是笔者的下属掌握了技能；而有的任务虽然属于笔者的专业领域，但无论是身为上司的笔者还是身为下属的员工都是第1次处理。对于这些步骤，笔者已经实践了超过15年。

笔者认为这种方法适合于任何组织，可以广泛应用。如果能为正因不知如何对下属进行具体管理而烦恼的人提供参考，笔者将不胜荣幸。

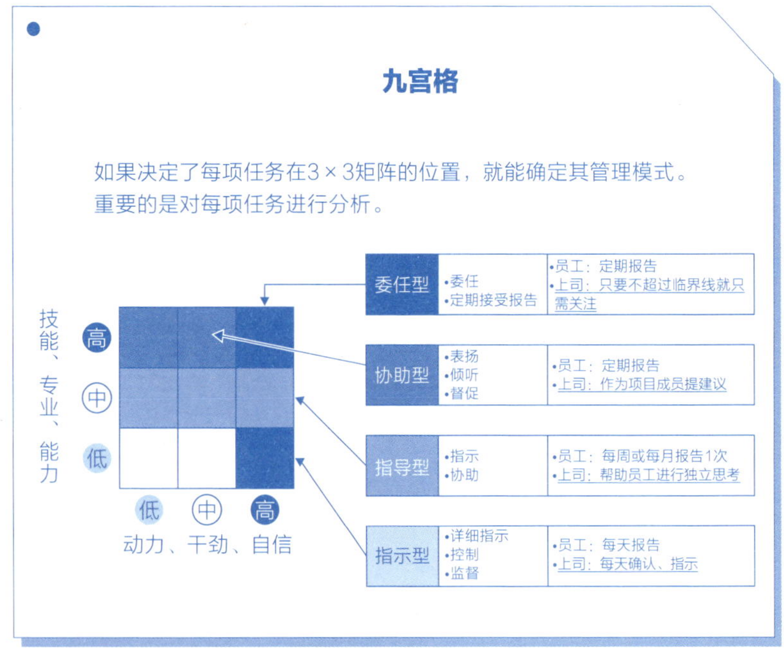

商务技巧 55：优秀管理者的反馈

最重要的反馈面谈的注意事项

对于管理者来说，与员工的沟通非常重要。双方接触的机会很多，有目标设定面谈、每日面谈、定期的一对一面谈、中期面谈、回顾面谈、评价反馈面谈，或者定期的早会、部门会议、科室会议等。

但是，当被问到其中最重要的场合是什么时，恐怕很少有人能立刻回答吧。

回答可能会有几种，但笔者认为最重要的是“评价反馈面谈”。这是笔者在培训公司做市场营销所得来的经验。也就是说，这是笔者在研究面向管理者的培训（科长培训、部门经理培训等）之外、在探讨技能培训开发时所意识到的一点。评价反馈面谈是最不允许失败的场合。

评价反馈面谈是对前期考核结果做出反馈的会议。如果员工对考核结果接受度高，那么今后也会继续努力；反之，如果接受度低，就会对今后的任务失去积极性。与其他面谈相比，评价反馈面谈的成功与否带给公司的冲击力更大。

为了进行有效的评价反馈面谈，明确目的、事前准备非常重要。接下来分别对其要点进行说明。

明确目的

首先是明确目的，这就是指如何设定目标。因为该面谈被称为“反馈评价”，所以最基本的要求就是传达考核结果。例如，以10分制评价，当标准为5分时，需要告知员工具体的评价数值。

但是，仅传达数值，员工可能会很难接受考核结果。接下来需要做的是说明评价的理由。当然，“因为这是××（上司的上司或人事部门）给出的评价”之类的反馈并不能用来解释理由。

对于考核结果，准确把握理由并加以说明才是关键。也就是说，在传达考核结果的同时，为了告知员工评价的理由，需要对其前期的行为进行仔细回顾。而且，让员工接受考核结果是非常重要的。

但是，考核结果终究是过去，如今已经无法改变。未来是从现在开始的，讨论如何创造未来、如何达成共识才更为重要。

管理者有必要准确地告知员工其承担任务的重要性，并为其赋能（使其充满干劲）。此时，如果能与员工的未来愿景等建立联系就更好了。

不知不觉中，评价反馈面谈总是围绕着过去的评价展开，而在过去的基础上，讨论如何朝着未来努力才是“明确目的”的真正目标。

为此，事前准备是十分必要的。

事前准备

所谓事前准备，就是指管理者需要能够用自己的语言说明评价的原因，以便进行评价反馈。当然，从现在开始本阶段全公司的任务、所属部门的任务和员工的任务都有必要掌握。

另外，还需要把握员工的目的或者想做的事情和想成为的样子。如果不了解这些，与员工之间的对话就会沦为空谈。

笔者在对员工进行评价反馈时，补充传达了以下两点。

一是“向他表示感谢”。具体来说就是，向员工传达这件事幸亏有他才顺利完成或者他对自己的帮助。这一点虽然很有效，但并不简单。如果只在评价反馈面谈之前简单思考，则无法达到最佳效果。

为了防止这种情况的发生，如果在日常生活中有想要感谢他人的事，就要随时记录下来。年末，将它们整理打印出来交给员工。这样一来，评价反馈面谈时的气氛就会很融洽，将其作为破冰活动中“建立友好和信任关系”的素材也非常合适。

二是告知员工自己对他想做的事情和想成为的样子的把握情况。在笔者还不能掌握其想做的事情和想成为的样子的时候，要将这一点告知对方。要告诉员工，自己想尽可能贴近他的想做的事情和想成为的样子来设定任务。如果努力消除与员工的分歧，掌握员工想做的事情和想成为的样子的可能性就会增加。

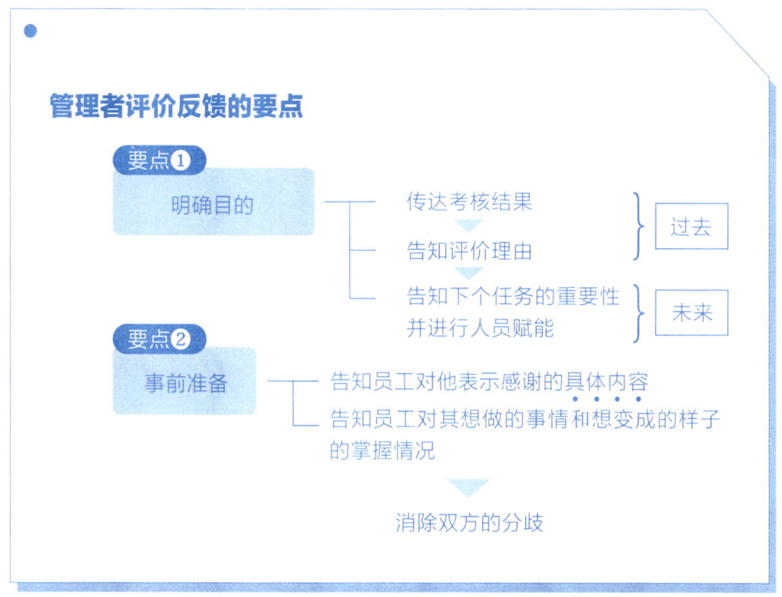

商务技巧 56：工作管理是项目管理

管理者应该具备的基本技能

接下来介绍管理所需的第2项技能“工作管理”。很多人误认为工作管理是对进度的确认，但是进度管理不过是工作管理的极小部分。工作管理真正需要的技能是“项目管理”。

说到“项目管理”，很多人误以为这就是狭义上的“系统开发时使用的技能”。也有很多人误认为，按照自己的方式做过项目运营所以自己具备相关经验，或是觉得自己能够胜任该工作。

项目管理是一种技能。因此，只要学习，谁都能掌握。但是，如果不学习而自成一派，就会引发事故。管理者的工作有一半是工作管理。也就是说，被称作管理者的人们，都需要具备项目管理的技能。

首先，希望你能理解这一点。

项目推进之前应该把握的3个要点

请你把管理者负责的业务和工作任务都理解为项目。在项目开始之前需要把握以下3个要点。

①范围（目的和人、物、资金的信息）。

②体系图（参加者和职责）。

③日程。

例如，你先试着想象一下把定期会议当作项目进行设计的情况。

如果确定了①~③再召开会议，那么会议就能有效地进行。但是，有很多会议没有确定好①~③就召开了。

具体来说，需要做到：①明确会议每个议程的目的和时间；②明确参加者的职责；③明确会议的前期准备和会议当天的时间分配。只要做到这些，会议的效率就会大幅提高。

但是，实际上，确实有很多会议是在①~③不明确的情况下召开的。这可以作为检验“工作管理”是否到位的一个关键标准。

关于项目管理有很多书籍或者流派。笔者推荐的基础参考理论是“项目管理知识体系”（PMBOK，Project Management Body Of Knowledge）、进阶参考理论是在序言里提到的“约束理论”。

近10年来，笔者一直在公司里讲授关于这2个项目管理技巧的课程。接下来，就来介绍项目管理的重点。

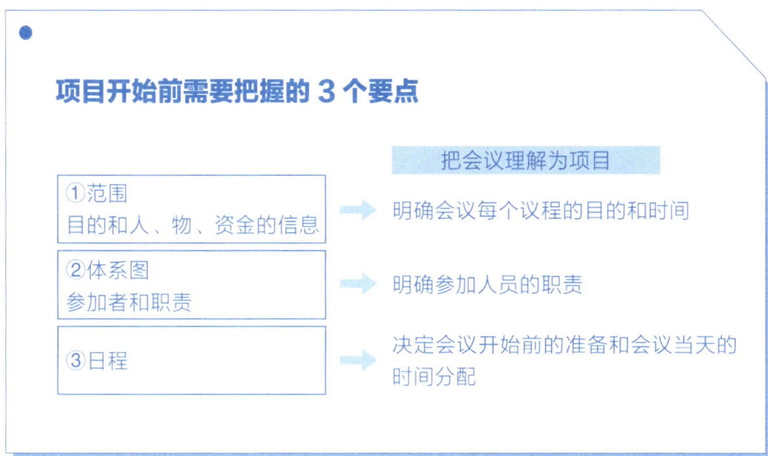

项目开始前需要把握的 3 个要点
把会议理解为项目
①范围
目的和人、物、资金的信息
明确会议每个议程的目的和时间
②体系图
参加者和职责
明确参加人员的职责
③日程
决定会议开始前的准备和会议当天的时间分配

商务技巧 57：项目管理知识体系的基本内容

明确项目目标的步骤

项目管理知识体系是一种基本的思考方式，如果有人说在不知道此内容的前提下就能完成项目，那么就需要对他的话表示怀疑。

项目管理知识体系有10个步骤。

在笔者迄今为止待过的组织中，以自己的方式进行项目管理的人大多不擅长①⑥⑦⑧⑩这5项。

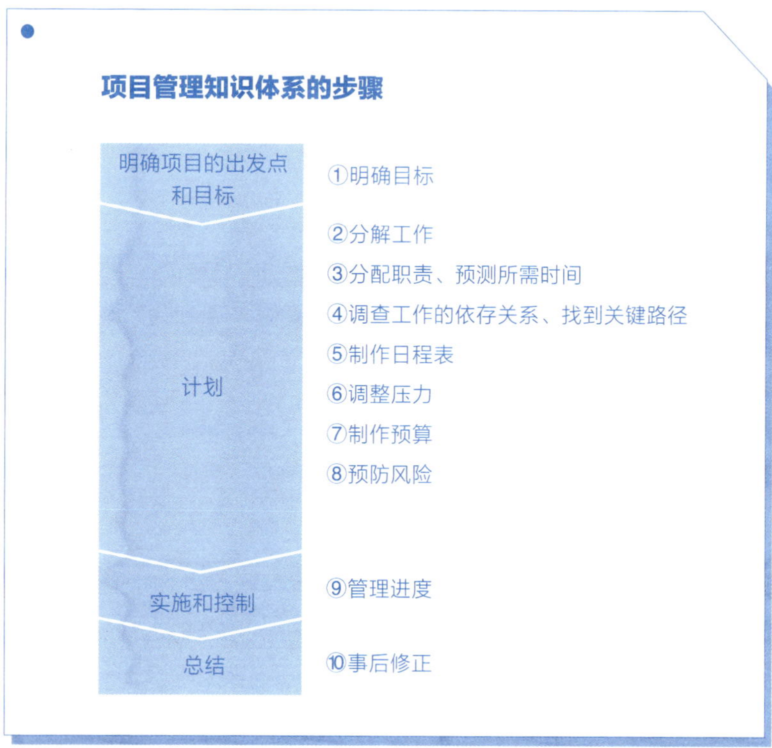

项目管理知识体系的步骤
明确项目的出发点和目标
①明确目标
计划
②分解工作
③分配职责、预测所需时间
④调查工作的依存关系、找到关键路径
⑤制作日程表
⑥调整压力
⑦制作预算
⑧预防风险
实施和控制
⑨管理进度
总结
⑩事后修正

其中，他们尤其不擅长“明确目标”中的“明确”部分。在这里，笔者将对“明确目标”和项目出场人物的有关内容进行解说。

明确目标的7个步骤

对已经学会项目管理知识体系的人来说，做到“明确”目标是很容易的事情。对于没有明确目标的提案，他们甚至都不会进行讨论。

接下来说明一下“明确目标”的要点。是否能做到明确目标会对项目的成果产生巨大影响，但没有学习过项目管理的人，往往会将它延后。

他们在这一点上是相当薄弱的。

如果将“明确目标”进行分解，可以分为以下7个步骤。笔者试着站在项目管理者进行项目管理的角度做出记录。

❶ 把握项目所有者的真正需求。
❷ 确定最终成果。
❸ 确定3要素的优先顺序。
❹ 把项目目标转为文字。
❺ 确定管理变更的步骤。
❻ 确定基本规则。
❼ 在项目文件中汇总。

顺便说一下，“❸3要素”指的是：确定项目本应达成的固有目标

（标准）、确定交付日期和所需时间（工时）、确定资源（人物资金等）的制约。

项目出场人物的作用

接下来，需要确认项目出场人物的作用。在项目中需要明确出场人物的作用。为了便于你理解，在此笔者以管弦乐队举办音乐会时的场景为例进行说明。

首先是项目所有者。

这里指的是举办本次音乐会的出资者。他将决定这次要举办怎样的音乐会，即音乐会的目的（范围）、什么时候（交付日期）举办。并且，他还负责决定本次音乐会资金和参与人员等资源的投入。也就是说，这是一个很重要的职位，不能把一切责任全部抛给下文将要介绍的项目管理者。

然后是项目管理者。

这也是一个非常重要的职位，在音乐会中指的就是指挥家。所有的表演者（项目成员）在演奏中都必须听从指挥家的指挥。即使是项目所有者也一样。出资者（项目所有者）在音乐会之前对指挥家（项目管理者）提出需求是没有问题的，但音乐会开始之后，必须要把全部权限委托给指挥家。

但是，有时候出资者（项目所有者）可能没有对项目的3要素（范围、交付日期、资源）进行明确。这时，指挥家（项目管理者）就有责任明确3要素，并与出资者（项目所有者）达成共识。

另外，项目管理者也需要对确定项目成果的成本、质量、交付期限的优先顺序负有责任。所以项目管理者是一个非常重要的角色。

那么，如何来理解最后一个角色演奏者（项目成员）呢？演奏者（项目成员）是各种乐器的专家。当然，演奏者（项目成员）需要提高自己的演奏水平，同时在演奏开始后听从指挥家（项目管理者）的指挥进行演奏。在没有收到指示时，必须默默等待。

但实际上，有时候年长的项目成员会贬低年轻的项目管理者，甚至在极端情况下还会对其进行谩骂。如果这些事情发生在实际的管弦乐队音乐会上，将会出现大问题。

以上是笔者以管弦乐队的音乐会为事例说明了项目出场人物的作用。你是否对此有了大致印象呢？

在此，笔者仅仅解释了项目管理知识体系的要点，想要进一步深入学习的人可以参考《项目管理知识体系导读》等书。

商务技巧58：创造组织通用语言的重要性

共享价值观可以改变人的意识和行动

在你的组织中，是不是也有仅在组织内部通用的语言呢？为了成为优秀的管理者，必须有意识地为组织创造积极的通用语言。

笔者之前所在的瑞可利集团里，有1种通用语言叫作ATI（压倒性的主人翁意识）的缩略语。它的使用语境是，在实施某个项目的时候主动表明“自己要凭借ATI去执行”，而不是被别人劝说。

此外，“自己创造机会，借机改变自己”等虽然不是缩略语，但也是具有代表性的通用语言。它用来表示“想做的事情是由自己创造的”，指想做的事不是别人给予的，而是由自己主动争取的。

京瓷集团的“阿米巴经营”、瑞可利派遣公司的“单位经营”、Hotpepper公司的“角色扮演马拉松”、瑞可利住宅公司的“广播体操”等，都使用了通用语言来表现其组织重要的价值观。

笔者也在自己的组织里创造了通用语言，有TTPS、PDDS、YMC等。如果有通用语言，组织内的沟通速度就会迅速加快，还能够在组织内共享相同的价值观。

下面介绍2则在瑞可利集团负责斯摩公司的业务时切身体会到通用语言力量的趣闻。

一则是改变签约组数单位导致员工行为改变的趣闻；另一则是改变客户的分类名称导致员工行为改变的趣闻，供你参考。

改变签约组数单位而产生的工作自豪感

斯摩公司经营的业务是，由顾问把想要定制住宅或者想购买新建公寓的个人用户，与住宅建筑公司或者新建公寓公司进行配对。

以往，签约组数一般都用100组、200组来计算。

有一天，顾问H先生登上了瑞可利集团的公司内刊，上面刊登了一句他的评语：“我们不仅是在介绍住宅，而且是在为客户介绍幸福。”

笔者看到后恍然大悟。

“原来如此，不是住宅而是‘幸福’！”

于是，笔者与身边的顾问商量了一下。

“我觉得以后可以用代表‘幸福’的‘Happiness’来计算签约组数，而不是用一般的单位‘组’来计算，你们觉得怎么样？”

笔者身边的人都表示赞同，这远远超出了自己的想象。于是笔者决定，顾问每获得20 Happiness，就在水晶的纪念物刻上顾问的姓名和Happiness数以示庆祝。

之后，笔者甚至听到了有些顾问的父母把纪念物供奉在神龛里的趣闻。确实，如果父母听到自己的孩子为人们的幸福做出贡献并得到了公司的认可，都会为此感到开心，这是人之常情。

从那之后，100 Happiness成为一流顾问的标准，成为大家为自己的工作感到自豪的契机。

积极的通用语言改变人的意识和行动

下面介绍另一则趣闻。

当时，笔者根据情况把想要建定制住宅的客户分为3类：目前住在独栋住宅，想要改建住宅的“改建”客户；目前未建住宅但拥有土地的“有土地”客户；没有土地的“无土地”客户。

在接到客户的预约后，我们在白板上记录客户姓名和分类。例如“中尾先生：改建”这种形式（笔者的实际情况是“中尾先生：无土地”）。一般来说，在首都圈，如果要从购买土地到建造定制住宅，需要花费相当大的一笔金额，所以可以预料到“无土地”客户的定制住宅合同签约率很低。

而且，这个“无”是一个相当有冲击力的词语，不仅仅意味着“没有土地”，还给人一种“无法签约”的感觉。

实际上，笔者发现某家店铺虽然并无恶意，但其白板上写的不是“无”，而是使用了“×”这个记号来代替。

“中尾先生×”。

这样是最糟糕的！给人一种“这个客户不行”的感觉。因为语言很重要，所以顾问看到这个名字时会在无意识中产生“这位客户应该不会建造定制住宅”这种先入为主的想法。

有什么好的解决办法呢？笔者向顾问H咨询：“照这样下去，我们就像被施了魔法一样，无法为‘无土地’的客户提供帮助，你能帮忙想想办法吗？”

几周之后，笔者去她的店里，发现分类名和记号发生了变化。首先，因为“无土地”这一称呼指的是从寻找土地开始的客户，所以将它改成了“从土地开始”。另外，记号也发生了变化，“改建”是□，“有土地”是●，而从寻找土地开始的客户则使用了○这个记号。

□表示现在拥有住宅的客户，因为房子大多是白色的，所以用白色的正方形表示；土地的颜色是黑色（确切说是土色），所以有土地的客户就用●表示；因为从寻找土地开始的客户“有无限的可能性”，所以用○表示。

×变成了○。意识的改变促成了行动的改变，此后“无土地”客户的签约率大幅提高。

如果组织内有了积极的通用语言，现场的行动就会发生变化。

请你也一定要试试创造出色的通用语言。

商务技巧 59："展示弱点的咖啡馆"

能轻松把握组织状态的机制

罗伯特·凯根所著的《为什么能展示弱点的组织更强大》这本书虽然超过了400页，但还是有很多人读过吧。

包括之前在瑞可利集团工作的经历在内，这10余年，笔者一直在使用能在组织内展示弱点的机制进行管理。在瑞可利集团工作时期，笔者在斯摩公司、瑞可利科技公司、瑞可利职业研究所都导入了这种机制，并且无论在哪个公司都产生了不错的效果。

这就是本文要介绍的“展示弱点的咖啡馆”（YMC[①]）。

当初建立这个机制的目的并不是为了展示弱点。但开始推行后，它就变成了“展示弱点的机制”。当初的目的是“想要尽早获取来自一线的坏消息”。

包括笔者在内的大多数人，在向上司或上级组织报告坏消息的时候容易犹豫不决。人们认为如果报告坏消息，就会受到斥责。或是想要隐瞒由于自己的能力不足而形成的坏局面。笔者以前也是这样。

事实上，很多情况下即使不特意向上司报告，也能解决问题。但是，其中也有不少把问题变得复杂的案例。

例如，被客户投诉的时候，本想自己解决，但由于处理不当，投诉反而升级了，这时才上报。在这种情况下，剩下的应对时间是有限的。

结果往往花费了更多的精力（动员整个管理层进行处理）和成本（交易取消或者提供其他服务）。为避免这种情况的发生，笔者不断尝试，最后找到了YMC这个机制。

导入YMC机制之后，坏消息就能迅速上传到管理层。这对于管理非常有帮助。同时，该组织还变成了“能展示弱点的组织”。

用YMC机制挖掘3种信息

接下来介绍需要通过YMC共享的具体内容。

内容非常简单。只需定期从一线获取3种信息即可。

---

① YMC：该缩写取自“展示弱点的咖啡馆”的日文罗马音首字母。——译者注

如果是经营会议，就由各事业部报告；如果是事业部的部门经理会议，就由各部门报告；如果是部内的科长会议，就由各科室报告；如果是科室会议，就由各员工报告以下3种信息。

①坏的征兆。

②好的征兆。

③话题。

如果建立这个定期收集信息的机制，坏消息就会从业务一线传达上来。于是，这个组织就自然而然地变成了能展示弱点的组织。

顺利运用YMC的3个注意事项

但是，想要顺利运用YMC，有3个需要注意的地方。

一是获取信息的顺序。通常情况下，可能会按由“好”到“坏”的顺利排列。但是正确的顺利是从“坏”到“好”。这是因为对于经营者来说，最想知道的是听起来刺耳的“坏”消息。

如果改变这个顺序，按常有的从“好”到“坏”的顺序排列，坏消息就会很难传达至上层。其实，很多情况下“坏的征兆”中写到的内容与“弱点”重叠。

二是“征兆”的表达方式。此处选择了坏的“征兆”、好的“征兆”这种表达方式，而没有使用坏的“要点”、好的“要点”等词，这是对业务一线的尊重。

经营者想要了解只有在业务一线才能感受到的“讨厌的味道”“奇怪的感觉”“违和感”等。如果用“要点”来表示，就只能得到从“征兆”变为“现实”之后的事实信息。经营者需要的是尽快获取信息，哪怕是早1秒钟。如果把“征兆”变为“要点”，那么信息的传达就会延迟。

三是对报告坏征兆的行为表示感谢。一开始可能会很难，经营者必须抑制住自己想说“这些小事就在现场解决吧”的心情，向对方表达谢意。如果省略了这一步，坏征兆（弱点）就不会轻易显露出来。

最后的“话题”是指可以写任何内容的空间。笔者特别想和在业务一线最小单位的组织（例如科室等）员工开展定期交流，所以设置了这个部分。因此，话题的部分可以用来填写每位员工的想法。

如果能从业务一线掌握“坏的征兆”，那么大的麻烦就会迅速减少。这是因为上层领导在了解“征兆”的阶段，就可以判断“这个问题是否会演变成大的麻烦”。当他认为发生大问题的可能性很高时，便可以跨越组织进行对策商讨。

YMC的附加效应

YMC带来的附加效应是可以以此判断组织的状态。通过观察这3种信息的有无和内容，就能掌握组织的信息。

需要检查的要点有3个。

首先是信息量的大小。从经验来看，信息量大的组织大多不会产生问题。相反，在话题中有明显空白的组织往往存在问题，尤其会出现沟通方面的问题。另外，只填写表面内容的组织，出现问题的情况也比较多。

其次是话题中出现私人内容的情况。话题中写有私人内容的组织，员工的安全感会比较高。此外，是否填写“坏的征兆”信息很重要。

因为从员工的立场来说，填写坏的征兆，就等于同意暴露自己的弱点。

并不是每次都必须要填写坏的征兆，因为实际上也有没出现坏征兆的时候。但是，有的组织会长时间不填写这块内容。这时候就要注意了，是员工对征兆这种变化反应迟钝，还是组织领导阻止了坏征兆的上报。不管是哪种情况，问题已经发生的可能性很高。

当笔者提议定期把握“坏的征兆”“好的征兆”和“话题”时，业务一线有4种反应。

①高兴地推行：只要是好的方法，就会马上开始尝试。

②观望：一边观察周围的动向一边做出判断。

③不愿导入：认定自己没有理由写“坏的征兆”，不愿推进。

④擅自变更：在开始之前变更模板。

有一次，在导入该机制的时候有一个组织占据了主动权，使该机制得以顺利推行。这个组织在原有模板的基础上，将共享信息的地点定在了咖啡馆，组织了一次与平时场所不同、分享内容不同的活动。

而且还将这个模板命名为“展示弱点的咖啡馆”，简称为YMC。这个专有名词的产生，加速了该机制向组织内部的渗透。

多亏了这个将该机制命名为YMC的组织，一直在观望的组织也开始行动了。原本不愿导入的组织，也在成为少数派的时候开始了行动。而擅自变更模板的组织，也在周围“积极开展YMC”的呼喊声的带动下，自然地恢复了YMC的模板。

从较早引入YMC机制的组织领导那里，笔者得到的反馈是：“有助于与新员工建立人际关系。”同时，笔者从最大的组织领导那里得到的报告说：“用如此简单的方法就能把握组织的状态，真是令人惊讶。"笔者也能据此类推出其他部门的状态，受益匪浅。

这确实是一种非常简单、效果显著的机制。请你也一定要在组织中导入YMC机制，以此为契机推动组织变得更加强大。

YMC 登记表

××团队

项目	说明	自由填写栏（请各自填写）
坏的征兆	请把以下"征兆"记录在这里：有很奇怪的味道、好像要发生我无法解决的大问题 *运用规则 在这里记录工作相关的信息，肯定不会被责怪。但是，如果信息没有记录在这里，却又发生了问题，那么就需要确认为什么"没有注意到"、为什么"没能上报"，并对此进行改善	●项目A：离交付期限还有2周。虽然在一点点地推进，但是进展不如想象中那么快。有种难以应对的预感 ●项目B：与A公司进行需求的确认很费时间。最坏的情况是可能要准备替代方案 ●项目C：客户对我的期待很高，如果想要达到客户的期望，就需要增加资源并寻求其他部门的支援。也需要追加相当多的费用（计划今天与项目所有者讨论包括费用承担在内的事项）
好的征兆		●领导会议：气氛在好转。我想进一步构筑相互认同、相互尊重、有困难时相互建议或支持的职场关系 ●新人小林的材料制作能力在提高
话题	刚开始推进的事情、为了自我启发而开展的工作、上周学到的知识等。公私不限，什么话题都可以记录在这里	●放长假的时候我回老家了，过得很悠闲自在 ●放假之前，我和作为形象咨询师（骨骼诊断、个人色彩诊断）的熟人一起吃了饭。虽然适合每个人的颜色和衣服一生都不会改变，但很多人自己都不知道它的优点。如果有需要，我可以介绍给你，请联系我

商务技巧 60：PDDS
能认真回顾的组织是强大的

笔者已经多次提到，进化是螺旋式的。

从侧面看，进化的螺旋似乎是在不断上升的；但如果从上往下看，螺旋就是一个圆，再加上箭头，看起来就像是圆圈在打转。牵引进化的循环是PDCA①，笔者对其进行改良，表现为PDDS[Plan（计划）、Dicide（决定）、Do（执行）、See（回顾）]。这种循环就是“回顾”。回顾会促发循环，由此产生进化。

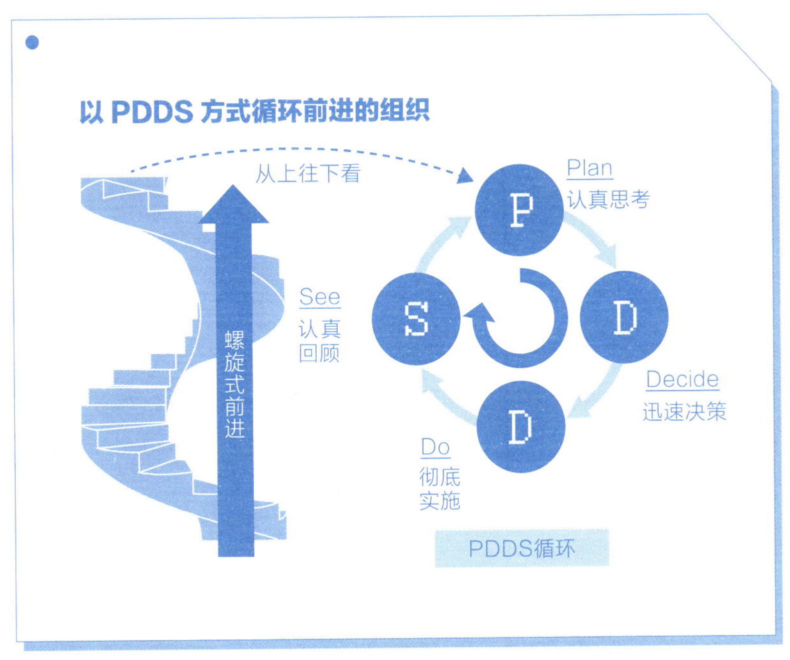

① PDCA：由英语单词Plan（计划）、Do（执行）、Check（检查）、Action（行动）的首字母组成，指按照这样的顺序进行质量管理，并且循环不止地进行下去。——译者注

可以说能认真进行回顾的组织（也就是学习型组织）更容易进化。

对于已经进行过回顾的组织，只需要知道PDCA就好了；而对于虽然进行了回顾但还没有发挥有效作用的组织，最好能知道PDDS。笔者将对其理由进行说明。

最重要的是回顾

不管是PDCA还是PDDS，读起来都是从P开始的，所以容易引起P是最重要的误解。其实，PDDS中的S，也就是回顾才是最重要的。在对某项措施认真进行回顾时，如果把“虽然实施了但是进展不顺利”与“因为没有实施所以进展不顺利”混在一起，就会给人带来困扰，这样无法进行正确的回顾。

同样，如果把“虽然没有采取措施，但是进展顺利”与“因为采取了措施，所以进展顺利”混淆的话，也不能进行正确的回顾。

但是，在业务一线经常会发生“不采取措施”的情况。特别是本部指示业务一线采取多种措施的时候就更容易发生这种情况。因为当被要求采取多种措施时，业务一线会做出取舍。

然而，很少有人会把取舍的情况向本部汇报。结果，本部就会在措施已经落实的前提下进行回顾。然后，不正确的回顾就会被执行。这样一来，项目就无法朝着正确的方向推进。

那该怎么办呢?

很简单，减少措施就行了。

为了进行正确的回顾，要把措施减少到1个。PDDS就添加了这一步骤。PDDS的意思为“认真考虑、快速决策、彻底实施、认真回顾”。对第二个步骤“快速决策”增强认知，成为PDDS顺利运转的重要项目。

PDCA无法顺利运转的组织，请首先学习PDDS。此时，关键绩效指标管理的方法对培养回顾的习惯十分有效。

商务技巧 61：关键绩效指标管理
关键绩效指标是信号，因此只能有1个

你们都知道关键绩效指标这个术语吧。

或许，也有很多人正在使用或者使用过关键绩效指标管理。但是，错误运用或者不能顺利推进的例子也不在少数。

笔者曾经在瑞可利集团做了11年的关键绩效指标管理讲师，从中得到的经验是，如果能正确运用关键绩效指标管理，就会取得巨大成果。笔者自身也有通过运用关键绩效指标成功拓展事业的经验。关键绩效指标管理虽然看似简单，但如果运用巧妙，就会有突出效果。

关键绩效指标管理的要点

如果要列举其中最重要的一点，那就是是否知道关键绩效指标是公司运营的信号。

关键绩效指标和信号，乍一看你可能会觉得没有关系。当你驾驶汽车来到十字路口时，如果前面的信号是绿色，就直接前进；如果是黄色，就需要注意；如果是红色，就要停止。

公司运营也同样如此。关键绩效指标若是绿色，就要持续推进战略；若为黄色，就要进行战略的调整；若为红色，就要进行战略的变

更。如果善于运用关键绩效指标，公司运营就一定会顺利。

但是，当关键绩效指标这个信号本身就很糟糕的时候，是无法发挥其作用的。实际上，笔者在做讲师的时候，收到过“是否能辨别出糟糕的关键绩效指标？”这样的疑问。大家都在按自己的方式进行管理，所以对自己组织的关键绩效指标是否可行心存疑虑。

笔者的回答是“是的”。辨别糟糕关键绩效指标的方法非常简单。笔者要求提问“能不能区分关键绩效指标好坏”的人把自己组织的关键绩效指标用电子邮件的形式发过来。在大多数情况下，笔者根据收到的附件资料就能区分。

事实上，即使不打开附件资料也能辨别糟糕的关键绩效指标。说实话，如果附件资料是Excel等“表格计算软件”，那么它很可能属于糟糕的关键绩效指标。这不是Excel本身的问题。打开此类附件的Excel文件，就会发现在表格下方的Sheet里排列着多种项目和数字。“管理着很多项目”，这就是判断它是糟糕关键绩效指标的理由。

如前文所述，关键绩效指标是公司运营的信号。管理着多种项目就意味着有很多种信号。

请你想象一下驾驶汽车靠近交叉路口时的情形。你的面前有2种信号，一种信号是绿色的，另一种信号是红色的，这时该怎么办呢？你会陷入迷茫。出现2种信号就已经令人苦恼了，那如果出现3种、4种，甚至更多种信号，该怎么办呢？烦恼会变得越来越重。此外，如果汽车的数量增加了又该怎么办？

一辆辆汽车就像公司里的员工。如果汽车的数量和信号的数量都增加，就会导致复杂性进一步加剧。

也就是说，“关键绩效指标对公司来说是信号”包含两层意思。第一，因为是信号，所以只能有1个而不是多个，这点很重要。第二，让每辆车（每个员工）都能看到信号并了解其规则，这一点也很重要（每个人都知道信号的规则）。

在公司里，要使员工都能看到关键绩效指标，并能理解该信号的颜色变化。关键绩效指标以数字为目标，所以数字目标就相当于是信号的颜色。

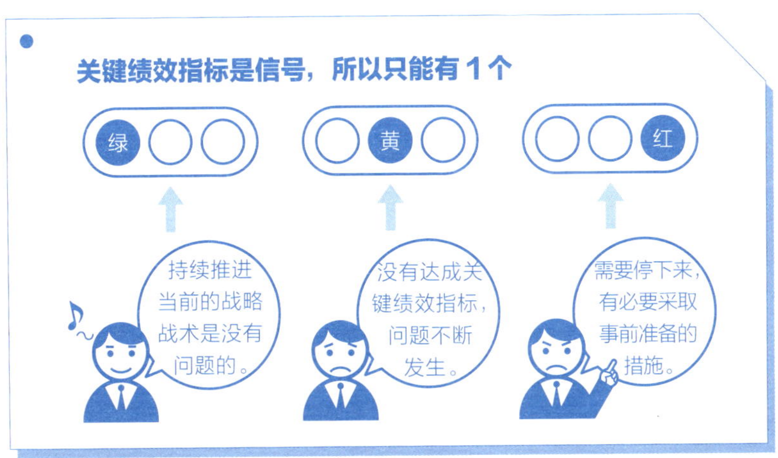

设定多个关键绩效指标会出现什么情况

话虽如此，但笔者也能理解公司想要设定多个关键绩效指标的心情。

实际上，如果设定多个关键绩效指标会出现什么情况呢？

业务一线会对关键绩效指标进行取舍。比如设定5个关键绩效指标的话，业务一线会在实际实施过程中采取全力以赴和敷衍了事的不同态度。全力实施1项措施，另外2项措施稍下功夫，剩下的2项措施就假装在实施。笔者在担任销售员的时候也采取过同样的做法。

但是，人们不会向上司或者组织报告这种情况。因为担心自己汇报真实情况之后会被斥责。事实上，笔者有过老老实实上报然后被斥责的经历。因此，在现实中就变成了业务一线默默地根据自己的判断来选择实施哪种措施。

问题到底在哪里呢？

实际已实施的措施与没有实施的措施混在一起，这就是问题。

即使在进展顺利的时候，因全力以赴而顺利推进的情况与虽没有全力以赴但依然进展顺利的情况也会混在一起。当然，无法顺利推进的时候也一样。

这样，既不能验证关键绩效指标的有效性，也不能发挥关键绩效指标本身的作用。

为了避免这些，要把关键绩效指标设定为1个。这样业务一线就不用做出取舍选择，公司就能进行正确的回顾了。设定多个关键绩效指标，不过是设定者的自我满足而已。

将关键绩效指标减少至1个需要跨越壁垒

要把关键绩效指标减少至1个，需要跨越壁垒。这就是“勇气”的壁垒，是“如果把措施减少到1个却失败了怎么办？”的壁垒。

如果把措施限定为1个，就会产生为了应对该措施失败而准备其他措施的想法。随后，在增加第2个措施的时候，以“分散风险”的名义，又增加了第3个、第4个，结果就变成了既不能回顾也不能做出判断的关键绩效指标。

为了解决这个问题，要从关键绩效指标方案的讨论、实施、回顾这一过程的周期测定入手。

例如，笔者之前负责的组织，每年只对措施进行两次回顾。也就是说，每年只能采取两次措施。这样，我们就能理解公司为分散风险而实施多种措施的心情了。也许你会觉得每年只进行两次回顾的组织是相当糟糕的，但实际上，连自己组织回顾的次数都弄不清楚的组织却占了多数。

此外，如果对回顾周期进行测定，周期本身就会变短。实际上，笔者曾经负责的组织如今也变成了每年可以回顾数十次的组织。这样一来，我们就不必忧虑了，因为关键绩效指标的试验和检验都可以在短时期内完成。

因为关键绩效指标是信号，所以只能有1个。而且，重要的是让所有员工都能理解它。关于关键绩效指标管理，笔者在拙著《产生最佳成果的KPI管理》（日本森林出版社）中进行了详细解说，若你有需要，可以参阅。

商务技巧62：使用数字管理的利弊

数字没有错，仅仅是使用方法不对

提到数字管理的话题，不少人持有厌恶的态度。有时候，笔者自己也会感到厌恶。不仅仅是笔者，大多数人讨厌用数字对自己进行评价。事实上真的如此吗？

笔者觉得数字本身并没有错，错的是数字的使用方法。

错误使用数字的典型案例

销售排行榜是一个错误使用数字的案例。

笔者还是销售员的时候，几乎每天都会收到销售排行榜的数据。排名靠前时还好，业绩差的话心情就会变差。而且，排名靠后的时候，笔者从来没有产生过“好，要继续加油”这样的想法，反而会因此完全失去干劲。

在这些情况下，数字本身没有错，是让人失去干劲的“数字使用方法”错了。

那么该怎么办呢?

很简单。例如，可以只共享排名靠前者的信息。这样，既能表扬排名靠前者使其感到开心，又不会伤害排名靠后者的自尊。

数字的正确使用方法

体检或健康诊断的结果体现了数字的正确使用方法。检查结果中记录了自己的数值和正常的数值范围，如果数值在正常范围内，评价就为A；若超出正常范围，则依次为B-C-D-E，评价会逐渐变差；如果遇到D或者E的情况，就需要进行再次检查。这样就能定期检查自己的健康状态。

在使用数字时，可以参考这种想法。例如，接待客户的时候，在定量数据（接待人数、介绍人数、签约人数）之外，还要加上客户的反馈等定性数据，可以像健康诊断表那样对数据进行定期统计。为了对数据进行比较，还需要列出全体员工的平均数值、每项的最高数值和达成者的名字。

其中，列出最高数值者的名字很重要。

例如，请你试着想象一下某员工想改善某数值的场景。一般情况下，他会向周围的前辈等身边的人请教。但是，如果明确了最高数值者，他就可以直接向那个人请教。

人们在想要学习的时候，很多情况下都会向身边的前辈请教。但是，人们并不知道那个人在自己想学习的项目里是否优秀。如果学习了不正确的、奇怪的知识就麻烦了。

这时，向最高数值者学习是最合理的。但是，如果人们都争先恐后地向最高数值者学习，也会给他带来麻烦。这时，公司总部就会对其进行采访，然后写成报道或者录成视频。这样，想学习的人也可以便捷地通过报道或者视频进行反复学习，实现一举两得。

在此，笔者以健康诊断为例分析了数字的使用方法，将来数字的使用范围一定会变得更广。如果这一点能为你提供参考，笔者将感到不胜荣幸。

第7章

进一步提高水平所需的智慧和技能

你知道蚂蚁理论吗?

如果把100只蚂蚁聚集起来，那么它们就会分化为2成的勤劳蚂蚁、6成的普通蚂蚁和2成的懒惰蚂蚁。据说，如果只把占其2成的勤劳蚂蚁集中到100只，那么比例又会变成2：6：2，又会有2成变为懒惰蚂蚁。

相反，如果只集中100只占其2成的懒惰蚂蚁，那么本来懒惰的蚂蚁中间也会出现20只左右开始劳动的蚂蚁。也许它们觉得如果全员都偷懒，就无法收集食物，会陷入糟糕的境地吧。

如上文所述，蚂蚁理论就是指组织一般会按2：6：2的比例划分。

这种现象在公司中就表现为2成工作努力的优秀员工为公司赚取了大部分利润，6成表现普通的员工使公司处于收支平衡状态，而2成的无能员工使公司出现了赤字。

这两类员工的不同之处体现在哪里呢?

接下来，笔者将分析优秀员工和无能员工的区别。

笔者认为本章会对以下人群有所帮助。

☑ 想要摆脱无能员工标签的人。

☑ 不想成为无能员工的人。

☑ 想要继续做优秀员工的人。

本章将介绍解决这些问题所需的13个商务技巧。

63 “知道”与“能够做到”之间存在的巨大鸿沟。

64 学习能力。

65 自责性与责他性。

66 正因为是坏结果才要尽早传达。

67 与公司外部合作伙伴巧妙相处的方法。

68 在正式场合练习的风险。

69 想做的事情与必须要做的事情。

70 当选项中没有正确答案时。

71 目的与手段的关系。

72 不能吃“见过的鸡”。

73 商务上的“吸引力法则”。

74 没有替代人才的不幸。

75 人工智能是否会剥夺人类的工作。

商务技巧 63：
“知道”与“能够做到”之间存在的巨大鸿沟
优秀员工与无能员工之间令人遗憾的差距

在与各类商务人士沟通时，笔者发现了一些有趣的事情。例如，无法做好工作的人（在此称其为无能员工）大部分都将“知道”与“能够做到”混淆了。也就是说，他们对某件事表现出“我知道这件事”→“所以我能够做到”的反应。

能够做好工作的人（在此称其为优秀员工）绝不会做此反应。因为他们知道“知道”与“能够做到”之间存在着巨大的鸿沟。

不过，“知道”与“能够做到”之间真的有如此巨大的鸿沟吗？

首先，从任何人都“不知道”的状态开始。不管对象是什么，如果对事情“一无所知”，那么一切都不会开始，因此你要先将自己的状态调整为“知道”。但是，“知道”并不等于“理解”。你需要“理解”内容，并在“理解”的基础上“实行”。也就是说，你需要实际去做。

然后，实际“尝试执行”的结果就会转化成“能够做到”的状态。

优秀员工与无能员工在反应上的巨大差异

接下来的内容可能比较专业。笔者曾在日本首创“用股票期权（新股认购权）支付风投企业招聘广告刊登费用”的方案，并获得了成功。

当时只有被日本通商产业省（现日本经济产业省）的“新事业创造促进法”认可的风投企业，才能用自己公司的股票期权支付对等的服务费用。但是，现在日本政府对商法进行了修改，大部分日本企业都可以采用这种做法了。

不过，当时公司内外的反应非常特别。风投企业、面向风险市场［除了当时的东证玛札兹市场（Mothers）以外，还有纳斯达克（日本）］的负责人以及公司内部的优秀员工，都对“实际执行”这一点表示惊讶，纷纷前来询问。

根据他们的经验，“知道”或“明白”与“实际执行”之间存在巨大的鸿沟，他们对笔者成功跨越鸿沟的行为表示了敬意。

而且，他们非常了不起。也许是考虑到这些可能会对自己的工作产生参考价值，他们对具体的方案进行了详细询问。无论对于怎样的信息，他们都会思考是否可以运用到自己的工作中。也许正是凭借这样一种态度，他们才成为了优秀员工吧。

但是，公司内部一些员工的反应却是“我也想过啊（我早就知道了）”，这些员工几乎无一例外的都是无能员工。他们的想法是“因为自己也知道，所以只要去做就能够办到”，对笔者的做法自然也就没有任何疑问。这真是太可惜了。也许有些地方也能为他们的工作提供参考。

区分对方“是否理解”的杀手锏——“为什么？”

下面，笔者教你一个简单区分对方只是“知道了”还是“理解了”的方法。

方法非常简单，就是让对方对此进行说明。

即使对方只达到“知道”的程度，也能对问题进行回答。但是，如果对方没有“理解”，就无法亲自解释。在此基础上，请你试着多次反复询问“为什么？”如果对方能应对，则说明他处于“理解了”的状态。

例如，从本月开始要对新产品开展促销活动，可以尝试询问负责人：“你知道本月开始要开展促销活动吗？”如果对方回答知道，则说明是他处于“知道”的状态。

你可以再进一步提问：“那么，你能告诉我有哪些内容吗？”负责人会说明概要。在此基础上，请再试着深入询问：“为什么要从本月开始实施呢？”“为什么要限定商品，而且仅限定于新商品呢？”“为什么要采取促销措施呢？”等。如果有必要，可以试着针对对方的回答再提问几个“为什么？”如果对方都能回答上来，才可称之为“理解了”。

为了“能够做到”，需要在“理解”的基础上“执行”，这样才能达到“能够做到”的状态。如果连理解都无法做到，就更别指望“能够做到”了。明白“知道”与“能够做到”的区别只是迈向优秀员工的第一步。

在“产生想法”和“实现”之间也同样存在鸿沟。有些人在发现优质的服务或者商品时，会想“我也产生过这种想法”。就算这是事实，也基本没有意义。确实，世界上存在具有划时代意义的想法，也就是所谓的发明。但除此之外，仅仅拥有想法是几乎没有意义的，只有将其实现才是重要的。

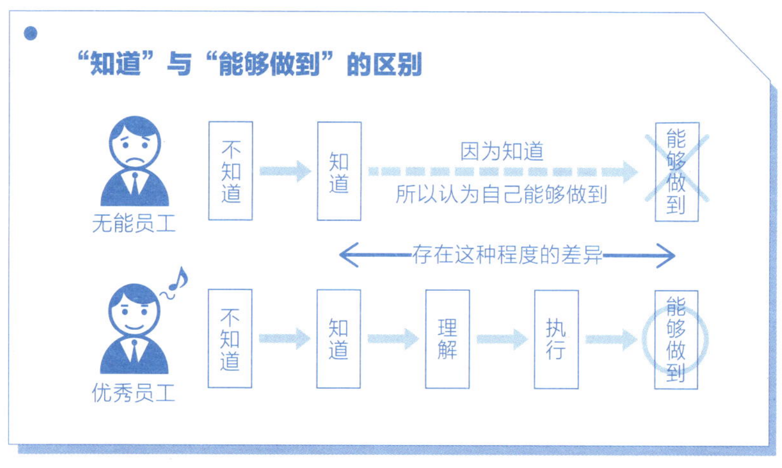

商务技巧 64：学习能力

这是为了幸存于“一亿总[①]学习时代”吗？

笔者曾经负责过面向商务人士的大规模调查。其中，有些结果颇

① 一亿总：指日本全国一起做某件事。——译者注

有意思，笔者将在此进行介绍。在当时的调查中，我们要求调查对象对以下问题进行作答。

提问：

在过去一个月内，你是否进行过与工作有关的学习（包括读书、向公司内外的专家咨询等）?

如果是你，会如何回答呢？因为你现在正在读这本书，所以在这个阶段属于“学习者”行列。

另外补充一点，这个调查的对象包含正式员工、合同员工、派遣员工、兼职者、小时工、自由职业者等在内的所有工作人员。回答“学习过”的工作人员只占整体的17%，不到2成。也就是说，实际上剩下8成以上的人在过去的一个月期间没有学习过与工作相关的新知识。随后，笔者调查了对待学习的态度与年收入的关系，发现与另外8成人群相比，这2成人群的平均年收入要整体偏高。

随着时代的变化，对“即战力[1]”的定义也在发生变化

在以往环境变化较小的时代，现有的能力可以长期持续不变地使用。在极端的情况下，因为只需按照惯例完成工作，所以可能甚至没有必要获取新知识或能力。

但是，在如今瞬息万变的时代环境中，不难想象即便是昨天还在使用的能力或经验，都可能会变得陈旧落后。公司本身也是如此。如

① 即战力：指无论何时何地，即刻就能投入工作的战斗力。——译者注

果不能顺应环境的变化，就会被自然淘汰（即破产或者并购）。

从结果来看，公司在社会招聘时其选拔方式上也发生了变化。以前主要是基于“即战力”进行人才的选拔，即根据应聘者的现有能力和知识来决定是否录用。当然，现在公司认同“即战力”的态度还是一样的。

但是“即战力”的定义已经发生了变化，增加了“不仅仅是现在，还有未来是否具有战斗力”的视点。

也就是说，面对环境的变化，你是否能保持自主学习新知识、提高能力的态度（即学习能力），同时作为优秀员工持续为公司作贡献，这一点越来越受公司重视。

曾经在公司中表现为“现有能力较高，但是学习能力较低”的人

比“现有能力较低但是学习能力较强”的人地位高，然而，现在的情况却与之相反。

加入有学习能力的团队吧

在还是销售新人的时候，笔者负责的是公司招聘应届毕业生的媒体工作。笔者以“中尾通信”的名义，把大学生阅读的媒体话题和与商业媒体招聘相关的话题发给了笔者负责的客户。

因为当时并不是像现在这样的网络时代，所以想要获取这些信息，除了从媒体购买并仔细阅读之外别无他法。对笔者而言，大学生和公司的人事负责人两者都是笔者的交易对象，所以笔者必须随时掌握他们的想法。

学生每年都在变化，他们关心的事物及兴趣也在变化。在这种环境中，始终需要学习的能力。如果将这种学习能力作为面向客户提供信息的手段运用到销售中，就能树立“有用的销售员”形象，提高工作效率。

一般来讲，随着年龄的增长，人会变得愈加保守，不学习新知识的倾向会更加明显。与此相对，在日本的大公司里实行的是年功序列工资制，年长的人工资较高。这样做的结果就是，这些人可能会成为裁员的对象。在这个瞬息万变的时代，无论年龄和经验如何，我们都必须时常增加自己的知识和提升自己的能力。

但是在笔者的调查报告里，只有2成左右的工作人员拥有学习能力。不过，至少你已经拿起了这本书。如果你能坚持这样的态度，就能加入这2成有学习能力的团队，对换工作也会有所帮助。

商务技巧 65：自责性与责他性

优秀的上司知道“人是不会改变的”

有一件非常遗憾的事，当出现问题的时候，人们会把所有责任都推到别人身上（责他），而不承认是自己的责任（自责），笔者觉得这种倾向越来越明显了。在有的公司，如果员工把问题发生的原因归咎为自己，承认是自己的责任，那么就会直接受到上司的负面评价。暂且不谈这种情况下应该如何应对，先来看看在问题发生时，优秀员工和无能员工会有什么差异吧。

假设某天出现了一个问题。你的下属对资料的检查不够仔细，在将资料提交给客户后才发现该资料内有重大错误。客户大发雷霆。你立即陪着下属前去向客户赔罪，并再次提交了新的资料。虽然过程有些曲折，但最终还是解决了问题。

呵斥下属的无能上司和想办法防止问题再次发生的优秀上司

此时，无能上司的典型行为是训斥下属或者对其喋喋不休地挖苦。

或许下属会反省，觉得被上司训斥是一件难以忍受的事情，这样就可以防止问题再次发生。但是，在大多数情况下，因为这类事情被训斥的下属，也会因为别的事情出现问题而被训斥，最终还是会出现错误。也就是说，一味地斥责或要求下属，是解决不了任何问题的。

与此同时，优秀上司是怎样处理的呢？

他会要求下属考虑“防止问题再次发生的措施”。但是，只做到这点是不够的。优秀上司自己也会考虑“为了防止这个问题发生，自己是否能做些什么”。

也就是说，要同时站在下属的立场和自己作为上司的立场上，考虑防止问题再次发生的对策。

以这次的例子来说，上司需要考虑，事前是否有确认下属进行检查的时间、是否能安排时间确保自己事前对资料进行检查，或者进一步扩大思考范围，考虑其他下属负责的客户是否也会出现同样的问题。

换句话说，即使下属的行为没有改变，也要考虑通过改变自己的行为来防止该问题的发生。

为什么他们会这样想呢？他们并不是不信赖下属。只是，不是所有的行为都是值得信任的。

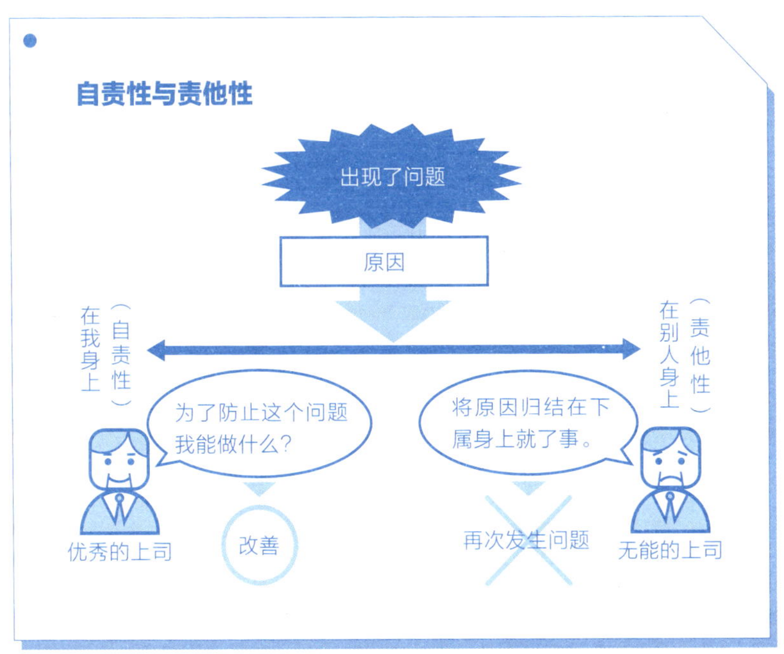

“信赖”与“信任”的巨大差异

“信赖”与“信任”这两个词语非常相像，但是含义不同。

信赖顾名思义，就是“相信并依赖”。而信任指的是“相信其可靠性并接受”。也就是说，信赖是托付，而信任是接受输出。

因为把事物托付给了别人，所以接受他所有的输出。这并不是权利的转让，只是单纯放弃责任的“放任主义”。而且，优秀上司知道“人的特性是不会轻易改变的”。也就是说，他们知道仅凭别人的一句话，人的行为是不会轻易改变的。

在公司内部会议上迟到的员工是特定的。每次都是这样，时间观念不强的员工，无论在什么场合都会采取同样的行动。即使是跟客户的会议，他们也会迟到。就算过去被上司和客户斥责过很多次，他们也不会改变。因为人的行为是不会轻易改变的。

虽然这有点自相矛盾，但无能上司会无意识地认为“只要自己斥责下属，就能改变他的行为”。可以说，他们完全属于漫不经心的乐天派，或者拥有极其自大的思维方式。另外，他们认为项目管理不是自己的工作，上司的工作就只是向下属提要求。

与此相对，优秀上司很清楚要改变他人行为的困难程度。他们认为，虽然改变他人的行为不简单，但是可以改变自己的行为。

而且，他们也知道上司的工作并不只是安排下属工作，而是要做好项目管理。这不仅仅局限于上司和下属的关系，与同事、客户的关系也一样。为了防止问题的发生，请你试着养成思考自己能做什么的习惯，因为“能改变的是未来和自己，不能改变的是别人和过去”。

商务技巧 66：正因为是坏结果才要尽早传达

处理投诉与纠纷的绝对法则

如果你能在社会生活中，不断取得好成果，那当然是最好的。但是人生不可能一帆风顺，难免会有不好的结果。在这种情况下，即使是对于向上司报告结果的时机，优秀员工和无能员工也会有截然不同的做法。

无能员工会在第一时间传达好结果而却在最后一刻才说坏结果。因为向上司报告不好的结果会被训斥，所以他们不愿意传达。或者，他们想尽力挽回，但随着时间的流逝仍然毫无进展，到真的无计可施的阶段才去向上司汇报。

例如，他们会迅速向上司报告某次大型谈判取得成功的好消息。与之相反，对于大客户的投诉或者是某次大型谈判可能会失败的坏征兆，他们会在不知不觉中推迟报告时间。即使自己解决不了，也要执意去做，而这往往只会让问题变得更加复杂。

为什么优秀员工会尽早报告坏结果

但是，优秀员工向上司报告的做法却与其不同。

他们不一定会立即向上司报告好结果，但是对于坏结果，在出现征兆的早期就会向上司报告。

在这个例子中，要在有收到客户投诉或者大型商务谈判破裂的征兆之前就向上司报告。在客户还没有正式投诉的时候，明明知道报告的话会被上司斥责，为什么还要采取这种行动呢？

这是因为他们知道在结果出来之前，预留的时间越长，应对的选

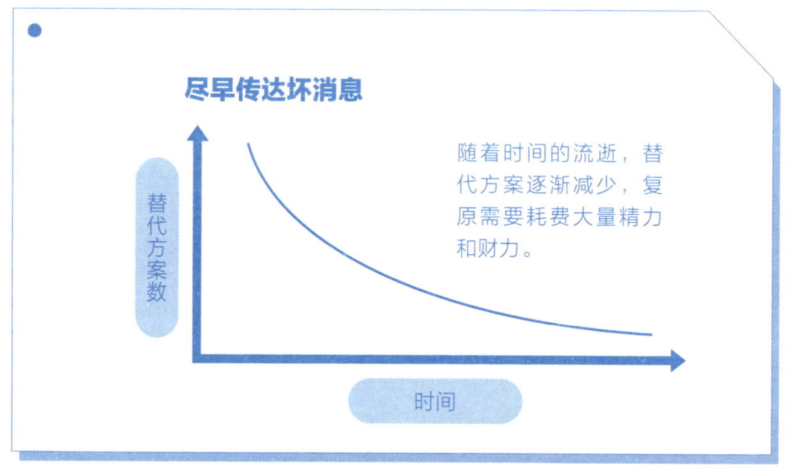
尽早传达坏消息
替代方案数
随着时间的流逝，替代方案逐渐减少，复原需要耗费大量精力和财力。
时间

项也越多，解决问题所花费的精力也就越少。

如果是在最终商谈破裂之前，可以通过拜访决策者、再次准备资料等措施来应对。很多时候，客户可能是对提案的内容或应对方式产生了误解才会引发投诉。如果在客户正式投诉之前报告上司，问题也是可以解决的。

这个技巧不仅适用于商务领域。例如，请想象一下你在厨房炸东西时油着火的场景。

若在初期阶段，你可以用简易灭火器或者毛毯等隔绝空气，采用这些适当的灭火方式可以减轻损失。而且，解决这个问题还有很多方式。

但是，如果你采取泼水等不恰当的应对方式，或者被火势所惊、束手无策地白白浪费时间，那么火势就会蔓延到周围，引发大火。这样一来，就只能借助于消防队的力量，防止全部烧毁或向周围蔓延了。

如果你是上司，你也应该会希望下属在油刚着火的时候就拉响警报。如果对方是熟练度较低的员工，你应该在他炸东西的时候就告诉他，让他绝对不要有“在引发大火灾之前自己处理、在那之前尽量不要报告”的想法。

下属不及时报告是上司的责任

不过实际上，坏消息往往无法传达给上司。关于这一点，笔者前几天和瑞可利集团的某个执行董事交谈过，他说：“投诉没有传达给上司，多半不是下属的问题，而是上司的问题。”

无能的上司在接到坏消息时会一脸不高兴，并把责任都推给下属。这样一来，下属就只会向上司报告好消息。同时，他们会隐瞒坏消息，到无可奈何的时候再上报。

产生这种后果的罪魁祸首就是上司的不满。

据那位执行董事说，在下属报告坏消息的时候上司有两点要注意。

一是“绝对不要生气”。过去，他曾在一位一接到坏消息就生气的上司手下工作，那时他对自己隐瞒坏消息的行为进行了反思，并将这种上司作为反面教材。

二是“不要自己直接处理”。自己直接处理会更简单，但如果在一位什么都亲力亲为的上司手下工作，常常会让人感到不快。因为曾经发生过他的下属向那位上司报告后，该上司直接去接待客户的事情。

如果你的下属向你报告了坏消息，请你对他尽早上报的行为表示感谢。实际上，如果能早点接到报告，就会有更多解决问题的方法，损失也会相对降低。并且，为了避免再次出现同样的问题，请你试着查明原因。

前文所述的商务技巧59“展示弱点的咖啡馆”就是把这一做法制度化的例子。

商务技巧 67：
与公司外部合作伙伴巧妙相处的方法
将协作效果最大化的简单秘诀

笔者认为，近年来很少有公司能仅在内部完成所有的工作，基本上有很多工作都委托给了外部公司。在此，笔者把公司外部的公司和人员称为“公司外部合作伙伴”。只要稍微改变一下与公司外部合作伙伴的交往方式，成果就会大不相同。

原本，订货者与接受订单者的关系应该是平等的。因为只有当服务或产品与作为代价的金钱相平衡时，交易才能成立。

但是在日本，人们总是认为付钱的订货者地位更高，而且这种错误的价值观正被大多数人所接受。大部分订货者，无论是有意识还是无意识地，都有这种思维模式。

也就是说，如果你站在订货者的立场上，能够改变这种思维模式，就能极大改善与公司外部合作伙伴的关系，取得更大的成果。

只用“时薪脑”思考的讨厌客户

笔者想介绍一下前几天跟一位广告撰写人聊到的一则令人捧腹大笑的故事。

这是当时广告撰写人和订货者（委托方）的对话。

委托方：“这次的文案真是非常棒呀。太完美了。你花了多久想到这个文案的？”

广告撰写人：“这次很快就写出来了，只花了两天。”

委托方："这么简单就写出来了！那么，请你把价格降低一半吧。"

广告撰写人："你是认真的吗？ 如果你觉得这么简单，不如你自己来吧。"

委托方："不要说那么愚蠢的话。如果我自己能做到，就不会向你求助了。"

这个订货者真是可笑。能够在短时间内完成优秀的文案，品质和交付期限都已属于高水平。即使成本变高也不足为怪。但是，有"时薪脑"的人会产生"短时间完成=廉价"的想法。这样的人，身边是不会有优秀的"公司外部合作伙伴"的。

如果将其定位为"本公司的第二××部门"，成果也会有所改变

举另外一个例子。如果你从事招聘相关的工作，你知道在和人才中介公司这一类外部合作伙伴交往时有什么要点吗？其中，有些要点也同样适用于与其他外部合作伙伴的交往中。

人才介绍的模式是，如果人员被录用，那么公司需要支付该录用人才年薪的20%到40%作为成功介绍的酬劳。支付的方式多种多样，有时候支付比例会更低，有时候则需要支付年薪的100%（此时需要提前支付委托金）等，但基本都属于成功报酬，采用的是后支付模式。但是，需要招聘的公司常常自称为订货者，摆出一副高高在上的姿态。

例如，指责人才中介公司"没有提供优秀的人才"就是一种典型的傲慢态度。然而，在这个阶段，需要招聘的公司还没有向人才中介

公司支付过任何酬金。准确地说，这时候需要招聘的公司并不是订货者。如果这是事先支付报酬的广告型模式，多少还可以理解。但需要招聘的公司在没有下单的情况下就向人才中介公司表达不满，会显得很可笑。

然而，大部分“订货者”都是如此。如果你想成为一位优秀的订货负责人，需要改变一下这种奇怪的心理模式。“人才中介公司拿到的是成功录用的报酬，所以现阶段我们还不属于订货者。而且，为了让中介公司优先给我们而不是给其他公司推荐优秀人才，我们必须提供正确有效的企业信息。”这才是你应该拥有的态度。

笔者对人才中介公司的负责人说：“希望你们能成为我们公司的第二人事部。”这时不是以订货者与接受者的关系，而是作为同伴，即字面意思所示的合作伙伴来进行交流。如果能实践这一点，那么，本公司和中介公司的关系就会发生改变，也会取得更大的成果。

这种想法不仅局限于处理与人才中介公司之间的关系。请试着把所有的公司外部合作伙伴都重新定义为“本公司的第二××部门”。这样，订货者就会改变思维方式、行为和与中介公司的关系，从而取得更大的成果。这一点，真的十分有效，请你一定要试一试。

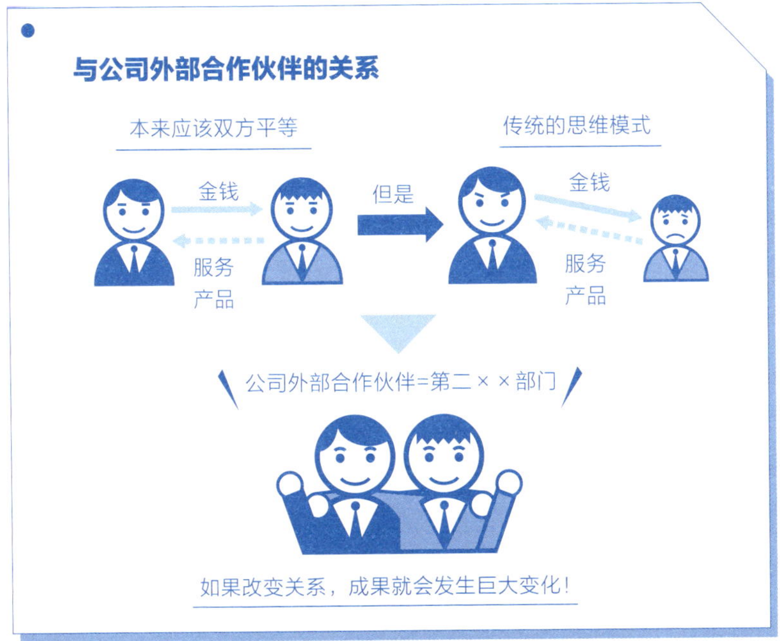

商务技巧 68：在正式场合练习的风险

无能的学生、销售员、公司的特征

在大学生的求职活动中，每年都会重复出现一种令人难以理解的情景，那就是“在正式场合进行练习”。

下面笔者将进行具体说明。

在心仪公司的录取面谈时练习面试的无能学生

在求职活动的初期阶段，有不少学生“希望公司能看到真正的

（或者真实的）自己后再进行判断”，所以他们不做任何事前准备（行业和公司的研究、面试的预演等）就直接参与心仪公司的选拔或面试。其结果当然是未被录用。

他们会参加心仪行业中的几家心仪公司的考试，并在失败的过程中积累选拔和面试的经验。通过这些，他们重新审视自己的求职活动，并学习求职的技巧。也就是说，他们通过“心仪公司的招聘活动”这一正式场合来进行练习。

但是，参加招聘活动的公司，就像沙漏里的沙子，时间越久，选拔越接近尾声，学生能够应聘的公司数量也就越少。特别是，越受欢迎的公司，招聘活动越会提前结束。等到他们适应求职活动的时候，几乎所有热门公司的录取选拔都已经结束了。

这里，笔者并不是在呼吁大家“要进入热门公司”。如果你能够将时间的指针往回拨，回到求职活动的早期，仍然可以参加同一家公司的求职活动。但是，如果能重新求职，你们肯定不会再犯这种“在正式场合练习”的错误了。

跟大学生一样“在正式场合练习”的无能销售员

无能员工经常使用的工作推进方法也跟大学生求职的方法相同。例如，新产品上市时无能销售员的行为就是一个例子。

想要推广新产品的无能销售员会去找他负责的大客户商谈。但是，因为新产品的资料尚未准备周全，营销话术也还不成熟，所以无法顺利推进。话虽如此，但在对几家大客户进行反复营销的过程中，销售员通过这种半途而废的营销活动，补充资料逐渐充实、营销话术也逐渐完善。

但那个时候，和大客户的商务谈判结果已见分晓，剩下的就只有和中小规模客户的谈判了。最终，在收到几家公司的小规模订单后，新产品的销售活动就结束了。

于是，他得出的结论是“新产品马马虎虎”，并抱怨道：“如果企划和制造部门做不出更好的产品，我们也是卖不出去的。”

但是优秀销售员的行动是完全不一样的。

首先，他会熟读资料，在公司内将同事和前辈当作客户来实施角色扮演。针对当时未能准确解释的地方和疑问，他会完善资料，并且补充不足的部分，并在说明方法上下功夫。

另外，在与客户洽谈的顺序上，他会先向购买意愿较高的中型客户进行推销。因为这些客户购买意愿较高，所以销售员容易在不知不觉中疏远与他们的关系，但是在向他们进行新产品说明时，有时候会出现一些之前没有预想到的问题。以此为参考，销售员可以对销售方案的不足之处进行微调。

终于，在充分做好这些事前准备之后，他就要开始与大客户进行商务谈判了。此时，无论是产品资料还是营销话术都已经十分完备，所以即使是对于客户提出的问题，也能给出让人信服的答案 。最终，他接二连三地获得大规模订单，为公司的业绩做出了贡献。然后，他得出的结论是“这个新产品的营销活动是成功的”。

细微的差别会产生巨大的结果差异

究其原因，两者的差别仅仅在于“在正式场合练习”和“事先练习”的细微之处，但正是这种细微的差别产生了巨大的结果差异。尤其是无能员工，甚至都没有意识到自己是在“正式场合进行练习”，也就没有办法做出改进。

这样细微的差异不仅存在于个人之间，也存在于公司之间。比如，在刚才提及的无能销售员的例子中，不仅是销售员之间存在差距，在商品企划和销售促销方面也存在问题。

如果你知道本公司的销售团队中有很多无能销售员，就不要直接把销售工具交给他们，而应该为他们准备容易操作的方法。此外，制定角色扮演大会等的实施步骤也是有必要的。

但是，在无能公司，人们只会抱怨“销售不好是销售员的责任”而不采取任何改善措施，那么这种情况就会永远重复。

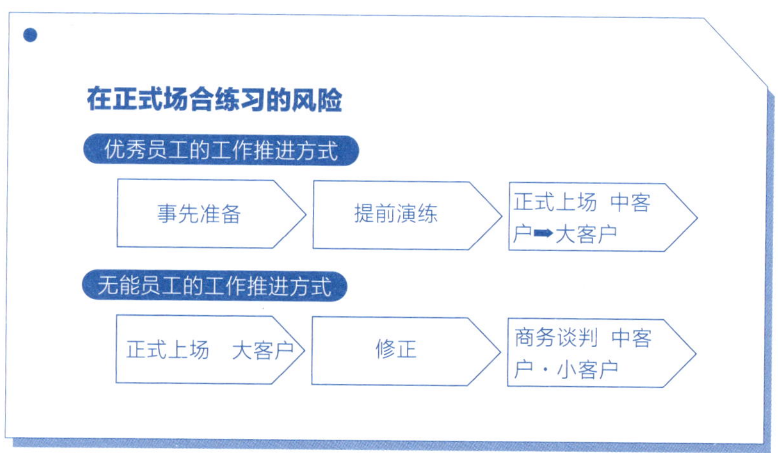

商务技巧 69：想做的事情与必须要做的事情

时刻意识到想、能、必须3个圆圈的存在

如果分别向优秀员工和无能员工提问“工作是否愉快”，会发现

两者回答的差异。无能员工更倾向于回答"工作是痛苦的，我不可能感到愉快"，特别是年纪越大的员工，这种倾向就越明显。

而优秀员工会回答："我做着自己想做的工作，所以很快乐。当然，工作也并不都是令人愉快的。"做自己想做之事的优秀员工，在取得成果之后会变得越来越快乐。

同样是在公司度过一天的大半时间，感到快乐的优秀员工和每天都觉得痛苦的无能员工，感受到的压力是不一样的，且两者的差异会越来越大。接下来分析一下工作让人感到快乐或痛苦的结构。

什么是3个圆圈的理想关系

在商务技巧52中已经介绍过3个圆圈相关的内容，本章笔者试着站在员工的角度而不是管理者的角度，通过观察3个圆圈重叠的状态，分析工作令人快乐或痛苦的结构。

3个圆圈是指你想做的事（Want）、你能做的事（Can）和公司的要求=必须要做的事（Must）分别缩写为英语单词的首字母W、C、M。

首先，如果用这3个圆圈来表现快乐（能奋斗）的状态会怎样呢？不仅局限于工作，应该没有人会因为做了不想做的事情而感到快乐吧。所以，做想做的事，是保持快乐状态的必要条件。

然而，即使自己想做，倘若与公司的方针不一致，最终也得不到好评。也就是说，当你想做的事情与公司所追求的事情一致时，才能说是满足了充分必要条件。在此基础上，如果你能通过这项工作感受到自己的成长，那就是最好的结果了。

从圆圈之间的具体关系看，此状态下，圆圈W和圆圈M是重叠的，且中间有个稍小的圆圈C。圆圈C被其他两个圆圈包含，意味着“以你现有的能力无法胜任这项工作”。

但是，你应该会为了实现自己想做的事情而开发自己的能力，并不厌其烦地为之努力。其结果是，你的能力被开发了，也拥有了成长的感受。

然而，自己想做的事情与公司追求的事情并不总是一致的。

优秀员工也会在这一方面下功夫。他们擅长让自己保持这种理想的状态，协调好公司的要求和自己想做的事情。

例如，虽然他们对工作本身不感兴趣，但在工作过程中，会考虑能否通过自由发挥的方式进行协调。而且，为了取得好的成果（使用公司的费用），他们会进行自我能力开发。最终，他们会在不断挑战新工作的同时，实现自我成长、取得优秀成果，并以此为基础，再次挑战新的工作。他们可以一直保持这种愉快的状态。

但是，无能员工不是这样，他们想做的事情并不明确。他们觉得工作本来就很痛苦，根本没考虑过自己真正想做什么。如果用3个圆圈来表示，就是没有圆圈W的状态。

仅是这样就已经很痛苦了，而且因为没有自己想做的事情，所以他们也就不会进行自我能力开发。也就是说，圆圈C不会变大。更糟糕的是，随着环境的变化，公司所追求的圆圈M会发生位置变化，甚至与圆圈C不再重叠。也就是说，变成以现有能力无法达到公司要求的状态。

而且，公司要求的并不是他们感兴趣、想做的事情。虽然他们应该主动进行能力开发，努力使圆圈C与圆圈M重叠，但他们对此并不积极。结果，既没有取得成果，也无法实现自我成长，只能维持痛苦的状态。

与痛苦的状态非常相似，厌倦的状态也可以用这3个圆圈的关系来表示。没有圆圈W，这点和痛苦的状态一样。但圆圈M包含在圆圈C内，也就是说，以员工现在的能力，能给出公司所要的结果。

这种状态乍一看似乎不错。但是，人如果只做自己力所能及的工作，就会感到厌倦。

请你试着养成经常用这3个圆圈来表现自己状态的习惯。最重要的是，明确“想做的事情”，也就是圆圈W。只要有了这些，就满足了享受社会生活的必要条件。

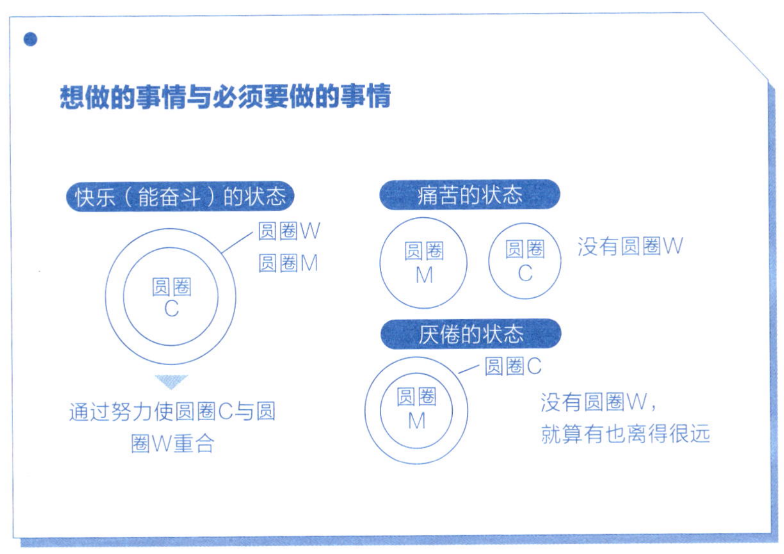

商务技巧70：当选项中没有正确答案时

与学校世界不同的商务世界规则

大学入学考试是从多个选项中选择1个答案。因此，如果要从选项A~E中选择答案，那么按照学校世界的规则就应该从中做出选择。万一这5个选项中没有答案或者有2个答案，那么就会在第2天的报纸上引起轩然大波。

但是，在商务世界里，有时候选项中可能没有答案。从学校世界的规则来看，这是不可能的。但是，即使大声指责这种行为是违反规则的，也不会有任何改变。反过来说，在商务世界里，这才是常识，学校世界的规则才是例外。

能否理解这一点，也是优秀员工和无能员工的差异之一。下面举一个例子说明这个差异。

面对3个月后的新产品销售，旧产品的库存如何处理

如果你是销售经理，公司已确定要在3个月后推出新产品。虽然公司对新产品进行了各种各样的改良，但标价却会降低10%。因为这是集约化供应商与一般供应商共同研发的成果。即便如此，对本公司而言，每台的利润也还是会增加。

但是，客户还不知道这一点。如果要开始销售新产品，那么旧产品的库存处理就成了问题，因为旧产品有可能几乎卖不出去。这样一来，旧产品的库存就会变为不良库存。于是，公司委托作为销售经理的你处理旧产品的库存。

如果卖不出去，就会导致彻底亏损，所以公司方面也同意你申请

特殊价格，对部门的利润计算也设定得比平时高。上司给出了以下3种选择：

①不告知客户新产品信息，正常销售。

虽然可能会存在库存剩余，但本部门的利润还是会有所增加。

②不告知客户新产品信息，打折销售。

可以处理掉大半库存，本部门的利润也会增加。

③因为会欺骗客户所以不销售。

虽然库存剩余，部门的利润也不会增加，但是能提升客户的信任度。

如果你是销售经理，你会选择①~③中的哪个选项呢？如果你是无能的销售经理，大概会选择不告知客户新产品的信息，也就是选项①或②。这样，你就必须在新产品推出后接受客户投诉、进行纠纷处理。

如果你是一位可怜的、对正义感有所误解的销售经理，那么你可能会出于自我满足的心态而选择③。

然而，如果你是一位优秀的销售经理，你应该会选择在告知客户新产品信息的同时，对旧产品进行降价销售；在维护与客户的信赖关系基础上进行库存处理。

或者，通过比较新旧产品的特点，对负责的客户进行细分，也许就能找到喜欢旧产品而不是新产品的客户群。如果笔者是销售经理，大概就会这么做。否则，一边传达新产品信息，一边销售旧产品，就需要相当高超的销售技巧。

无论如何，选择选项①~③以外的选项才是正确答案。

请你记住，在商务世界中，存在学校世界里没有的“选项中没有正确答案”的情况。

商务技巧71：目的与手段的关系

提高商业成功概率的“为什么”分析

有公司外部的人说，瑞可利集团的某种沟通方式是独特的。那就是，当有人说自己想做某件事时，周围的人会连珠炮似地追问：“你为什么想做这件事？”“没有其他选项了吗？”以进行“为什么”分析，而且这些问题会被抛出一次又一次。

当笔者还是公司新人的时候，虽然很讨厌这种“洗脑式”的追问方式，但只能无奈接受。因此，笔者养成了深入思考事物的习惯。此处的“深入”是指经常扪心自问，“做事的目的是什么”“本方法是否是达成目的的最佳手段”“这真的是我想做的事情吗”，是一种对照事物的目的进行思考的习惯。

在笔者做销售员的时候，上司的口头禅是“为什么”，对于笔者的回答，他还会追问更多的“为什么”。准确地说，这不是“提问”，几乎是“诘问”了。

后来，笔者去找这位上司请教，他告诉了笔者一个真理：“即使再不情愿也要强行问5次‘为什么’，无法解答这些问题的企划不是好企划。”

对企业的人才招聘进行“为什么”分析

以前，笔者曾做过招聘广告的销售员。招聘广告的销售负责人需要跟客户的人事部等招聘部门的负责人进行商谈。

客户为什么会使用招聘广告呢？是因为想要刊登广告吗？肯定不是的。客户是为了招聘人才所以才使用招聘广告。也就是说，招聘人才是目的，刊登招聘广告只是手段。

一般来说，招聘方法有多种。也许下面介绍的内容稍微有些专业，但当客户想要招聘人才的时候，他们使用的招聘手段除了刊登招聘广告之外，还有向日本公共职业介绍所提出招聘申请、委托人才中介及猎头公司招聘、实施公司员工内推、在本公司网站上实施招聘等多种方法。在这当中，他们认为瑞可利集团的招聘广告是最合适的手段，所以就选择了我们。

也就是说，企业想要招聘人才，所以才会使用招聘广告。而且，从刊登招聘广告的角度看，“招聘人才”这一目的并不是企业的最终目的。这只不过是为了实现最初目的而采取的一种手段。

“企业为什么想招聘人才？”

你可以想到的直接理由应该是岗位空缺、为了新事业发展招聘必要人员、强化现有事业等。不过，如果从抽象意义上来看，可以将其概括为为了“实现事业战略”。也就是说，企业设定了事业战略，为了实现这一战略，在考虑到“人”“物”“钱”等经营资源的最佳配置时，如果认为“从外部调配人才”是最合适的手段，就会进行人才招聘。

优秀的销售员在从事销售活动时会考虑到目的背后的目的。也就是说，他们把握了这次招聘的真正目的。

当然，为了把握这个真正目的，仅靠销售员与客户负责人之间的表面交流是不够的，需要进行深层次的交流。在不了解这个行业的人看来，可能会认为这只不过是个招聘广告。但销售员能否在把握其真正目的的基础上制作广告，会以压倒性的差异体现在结果上。

若能应对5次“为什么”分析，则成功的概率会提高

“客户购买本公司产品的真正目的是什么？”这种思考方式并不仅仅适用于招聘广告这一特殊行业。

它对你所在行业也一定有用。

企业进行投资，归根结底是为了实现事业战略、提高利润。招聘人才、购买器械、制作促销工具、进行广告宣传、委托咨询公司进行调查、购买配件等，都是实现事业战略的手段。

不要以为客户是想要购买器械或是扩建工厂，请你关注其背后隐藏的事业战略，思考其目的的目的，以及其目的的目的的目的是什么，一次又一次重复“为什么”分析。

虽然不是面对笔者的上司，但如果能应对5次“为什么”分析，那么以笔者的经验来看，这种思考方式和工作的成功率可以说是相当高了。

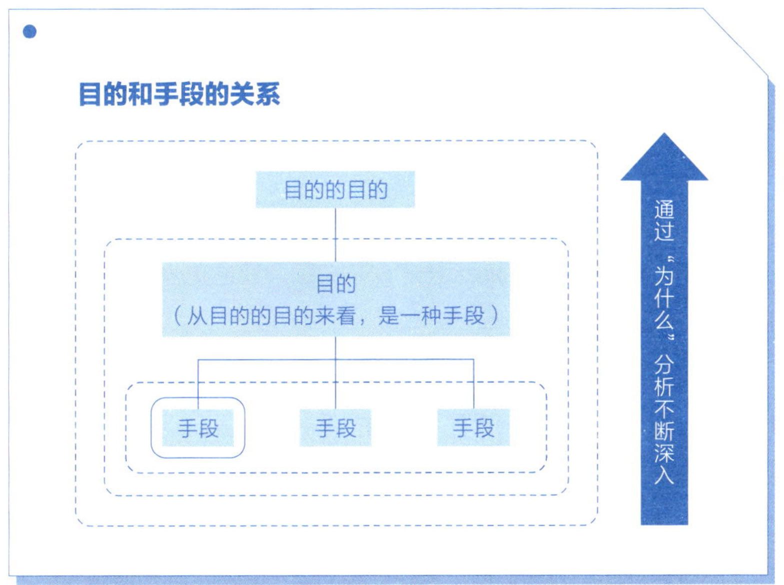

商务技巧 72："不能吃见过的鸡"

在工作中激怒对方时的最佳策略

因出现问题而受到客户投诉，这是大家不太愿意考虑的情况。但是，面对客户投诉有善于处理和不善处理两种人。善于处理问题的人，会以此为契机增强与客户的信赖关系。但是不擅长处理问题的人，则会因为纠纷而失去客户。

笔者激怒负责人的亲身经历

这是笔者刚成为销售员的时候发生的事。那是一个别说是智能手机，就连手机和电子邮件都没有的时代。

某个星期五的傍晚，客户给笔者打来电话对当时正在制作中的宣传册原稿提出了要求，他说："我的上司想要做些修改，无论如何希望你们想办法处理一下。"

原稿已经不在笔者手里，也不在制作总监手里，早就送去了印刷公司。笔者通过制作总监联系上了印刷公司，通过交涉让印刷公司暂停了印刷。

但是，根据印刷公司的日程安排，即使是在周末也是要处理的，所以印刷公司交给笔者一项任务，希望笔者尽早告诉他们需要修改的地方。于是，笔者马上联系了客户负责人，但由于时间已经很晚，负责人已回了家。

笔者告诉印刷公司，由于客户已经回家了，所以不知道修改的地方。印刷公司提出，如果周末不能进行印刷，会导致交货日期延迟，需要向客户申请紧急处理费用。但这也算是满足了客户"无论如何都要想办法解决"的要求，所以笔者稍稍松了口气。笔者打算下星期一早上第一时间联系他，询问需要修改的地方。在这种状态下，笔者迎来了周末。

但是，下星期一早上却发生了这样的事情。笔者给客户负责人打电话，他非常生气。生气的原因是笔者在上星期五没有联系他们。因为没有收到笔者的回复，所以负责人跟上司报告说"已经开始印刷了，为了遵守交货日期所以无法修改了"。作为负责人，他除此之外别无他法。

事实是这样的，星期五晚上当笔者在给客户负责人打电话的时候，他正在向上司报告这件事，并没有回家。

那么，这样一来，笔者星期五做出的判断就非常令人懊悔了。当然，笔者也可以找借口。提出“希望你们想办法修改的”是客户；在笔者给客户负责人打电话时告知“负责人已经回去了”的是负责人的下属；跟上司报告说不能进行修改却没有给笔者打电话确认的是客户负责人自己。

但是，就算说了这些也不会有任何效果。摆在眼前的现实情况是，虽然可以修改，但是交货期会延迟、费用会增加。时间是无法倒退的。而且宣传册的印刷是最后一道工序，不能通过压缩其中某个步骤来缩短时间。结果，我们与客户负责人的关系恶化，合作也减少了。

当出现问题时，变成“见过的鸡”

这种时候笔者应该怎么做呢？

笔者应该在星期五，最晚也该在下星期一早上去拜访客户。本来跟印刷公司联络的人就是制作总监，而不是笔者。

笔者可以自己去拜访客户，同时委托制作总监去处理印刷公司的事务。原本，笔者就应该先去客户处向他确认：“是否必须要修改？如果确定要改，可能会导致交货日期延迟，这样也没问题吗？”

也就是说，笔者本应该马上去见客户的。

或者应该在下星期一就去拜访客户，直接跟客户说明星期五的情况。这样一来，他们应该会明白我们的应对措施是有诚意的。

即使能在电话等非面对面的状态下发火，但也几乎没有人可以做到直接面对面地痛骂对方，表达自己的愤怒。因为在电话里看不到对方的身影，所以在向对方发怒的过程中，怒气值会不断上涨。如果在工作中惹怒了对方，就无法继续交谈了。为了防止这种情况的发生，一旦发生了纠纷，就应该立即见面。

当然，与此同时，我们也必须考虑“如何应对问题”。但是，即使找不到应对措施，也应该先去拜访客户。

笔者将这一理论称为“不能吃见过的鸡”。几乎没有人可以做到吃掉他们特别喜爱的、刚刚还在院子里活蹦乱跳的鸡。相反，你所见到的“排列在超市里的盒装鸡肉”是可以吃的。确实如此。当遇到问题时，我们必须要变成“见过的鸡”。

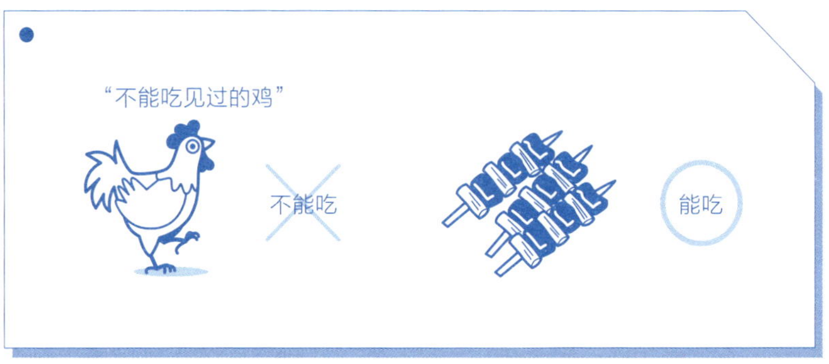

商务技巧 73：商务上的“吸引力法则”

乐观主义者的商务事项会顺利推进

“想到的事情会实现”。

这是精神类书中提出的共通观点，被称为“吸引力法则”。一般人认为“如果持续想着某件事，它就能实现”，但其实不然，正确的说法是“想到的事情就会实现”。“持续思考”是很难的，但你是不是有一种只要进行思考就一定能做到的感觉?

也许你会不太相信，但根据这些书所写的内容，神明或宇宙一定会帮我们实现人类的想法。所以，“你想到的事情就会实现”。

但是，就像想到的好事会实现一样，想到的坏事也会实现。也就是说，如果你想着“这个工作能顺利进行就好了”那么它就会成功；但是，如果你想着“这个工作肯定会跟以前一样失败”，那么神明或者宇宙听到之后，就会以为你“想要失败”，因此帮你把这种“失败”变成现实。

如果保持乐观主义就会产生好的结果，如果保持悲观主义就会产生坏的结果。即使面对同样的事物，乐观主义和悲观主义的判断也会有所不同。例如，假设杯子里有水。乐观主义的人将水的状态形容为“杯子里有半杯水”，而悲观主义的人面对同样状态的水，会觉得“杯子里的水只剩下一半了”。

如果这是在求生状态下，乐观主义的人就会想：“杯子里有半杯水，我要好好珍惜，不久就会有人来救我的。”与此相对，悲观主义的人会觉得“已经没有水了，所以我没救了”。于是，乐观主义的人得救了，而悲观主义的人在救援到达之前就丧失了性命。

通过想象最佳成果接近成功

虽然说得有些夸张，但是在商务场合中也会经常出现类似的情况。

如果抱着“本公司的员工技能较弱，所以展示这份企划案比较困难”的想法去进行演示，那么很容易出现“果然在演示中没有被选中”的结果。

“也许员工们的技能确实比较弱，但大家都已经拼尽全力了，所以做出了优秀的企划案”，如果能怀抱这种想法，自信满满地前去演示，就会产生好的结果。

笔者自己也会在进行演示之前想象“最好的场景”。就算不是参加演讲，在跟初次相见的人见面时也是这样。在会议开始前，笔者会想象会议结束时，对方一边说“感谢您让我们度过了一段高效的时光，就让我们选择您的企划吧”，一边向自己走来、与自己握手的画面，然后再进入会议室。

在意识到这一点之后，获得好的结果、理想的结果的可能性大幅提高。请你时刻保持乐观主义，试着有意识地想象最好的结果。

无法保持乐观主义的时候该怎么办

但是，人也会因为身体状况和受工作以外事情的影响而无法保持乐观主义。这时，请你试着把视线抬得比平时稍微高一些。这是笔者大学时代在体育课上学到的。

身体和大脑有着密切的关系。

心情低落的时候，人会自然低头，视线也会降低。这很容易让人联想到体育课上做过的“体操坐姿”，做该坐姿时，视线呈下垂的状态。在这种状态下，乐观地思考问题是非常困难的。大家应该都有过这种经历，事实也确实如此。这种状态让人很难去思考积极的事情。笔者推测在体育课上让学生体验体操坐姿，可能是想让学生产生一些悲观情绪，从而达到削弱他们精力的目的。

相反，站起来，当你视线比平常高的时候，心情保持低落是很困难的。人在不知不觉中就会变得开心起来。你可以广泛使用这种思维方式。

当你心情似乎要变差时，请先确认自己处于什么样的姿势。肯定是低着头且目光下垂吧？是不是盯着脚下或者闭着眼睛呢？

在这种情况下，要稍稍向上看，把身体调整至乐观主义的状态。这样一来，内心自然就会变得乐观主义，思维方式也会变得乐观主义。此时，你会觉得原本苦恼的事情也不是什么了不起的大事，有了采取下一步行动的心情。如此一来，就能获得好的结果。

哪怕最终达不到笔者说的效果，也请你尝试一次。这种做法的最终目的是能让你得到最好的结果而保持乐观主义。如果你这样做了后还是感到失落，就将视线抬至更高的地方。虽然很简单，但效果非常明显。

商务技巧 74：没有替代人才的不幸

时刻保持危机感的方法

对于商务人士来说，“只有自己才能做的工作”在某种意义上能满足其自尊心。在刚入职的几年里，笔者一直想着“这个工作是谁都能做的，总有一天，我要做只有我才可以做的工作”。如果是什么都不会的新员工，最重要的就是找出“只有自己才能做的工作”。

本章的目的是介绍提升商务人士水平的要点。从这个意义上来说，笔者想传达的观点是“存在只有你才能做的工作”和“没有替代人才是不幸的”。这也许会有一些违和感，但笔者将在此介绍一些事例，希望能帮助你理解。

对过时的数据分析毫无疑问的老员工

这是笔者从事市场营销工作时发生的事情。因为笔者设计的市场营销方案非常出色，所以当时的上司委托笔者将该方案运用到其他部门。也就是说，将笔者思考的方案作为一个标准模型。

这是相当难的工作。因为每个部门都有市场负责人，也都在用各自独特的方法分析着市场数据。那些人都是笔者曾听到过的被其他员工评价为“非常优秀”的人。

笔者一边思考着该怎么办，一边去了其中最有经验的人所在的部门，结果却大失所望。那个人使用的市场数据完全不符合现在的市场环境。虽然数据会定期更新，但根本无法用于管理层的经营判断。不仅如此，其内容还停留在10年以前，如果拿出这样的数据，一定会扰乱经营判断。

笔者没能掩饰住自己的困惑。如果事先不知道那个人的信息，笔者可能不会这样，但因为听到过“那个人很优秀”的评价，所以才会如此。当时，有一个和那个人直接对话的机会，笔者委婉地表达了自己的疑虑，但那个人完全不认为“自己的市场数据有问题”。然而，客观地说，那个人的数据分析已经过时了。

“缺乏危机感”是商务人士最大的危机

为什么那个人会变成这样呢?

其原因就在于“没有替代人才是不幸的”。

首先，说说笔者自己的事情吧。那是笔者从事市场营销工作时的事情。那时就算笔者突然不在公司，公司里也应该会有好几个能替代工作的人才。特别是最开始的时候，由于笔者的输出水平较低，所以能够替代笔者的人才数不胜数。

当时，市场数据的分析由笔者所在的部门集中处理，但也有人提议将数据分散到商品方面分析会更好，这也导致了部门自身的生存危机。

笔者的目的并不是想让组织继续存在，笔者只是想展示我们部门存在的意义。笔者阅读了各种各样的书籍，努力从公司内外的专家那里收集意见。笔者有一种强烈的危机感，担心会有“替代的人才”出现，担心有一天“组织本身可能会消失”。这种危机感就是成长的驱动力。

这样你也许就明白了。

前面提到的那位经验丰富的市场人员没有意识到“危机感”。那个人所在的组织很小，除了那个人以外没有人会做数据分析。在这样的状态下几年过去了。如果有人在市场数据上存在不明白的地方，一定会去找那个人咨询。如果这种状态持续下去，人就会停止学习。也就是说，前文提到的“学习能力”会下降。这样是肯定不行的。在环境剧烈变化的现代，从你停止学习的瞬间开始，能力就开始下降了。虽然听起来很残酷，但却是事实。

所谓“没有替代人才是不幸的”正是指这个。

人是很脆弱的生物。如果认为自己的存在不会受到威胁，就会停止进化。也就是说，“没有替代人才的状态”是非常舒服的状态，但即使在这种状态下，也必须要保持“学习能力”，持续进化。

如果同一个部门内没有可以替代的人才，也就是说没有竞争对手，那就请你在别的部门找一个会威胁到你地位的人。如果公司里没有这样的人，就请你在公司外面寻找。因为有个假想的敌人才更容易让你产生危机感。

请你记住“没有替代人才是不幸的”。

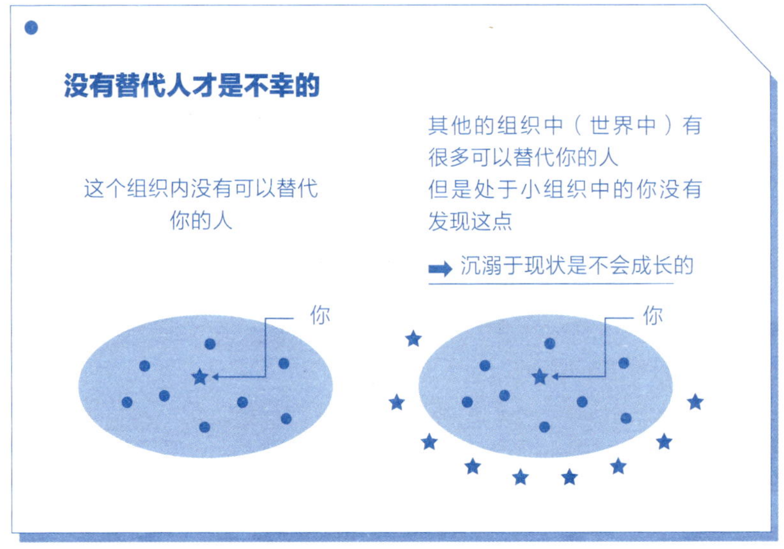

商务技巧 75：人工智能是否会剥夺人类的工作？

在不久的将来需要的商务技能

这个问题已有结论。

“虽然会剥夺人的部分工作，但也会产生新的工作。”

笔者认为这是现在最接近正确答案的回答。此处的要点是①会被夺走的是“一部分”；②会孕育出“新的工作”。接下来笔者对此稍微作说明。

会被人工智能代替的不是工作而是任务

工作可以分解成几个任务，执行各个任务需要拥有固有的能力。拥有这种能力的人才能顺利地完成该任务。

相反，不具备必要能力的人才，就无法顺利完成该任务。并且，人工智能也跟人一样，存在擅长和不擅长的地方。

人工智能擅长的是“大量的信息处理”和“重复性作业”。对于这类需要完成的任务，人类无论如何也比不上人工智能。人工智能能够代替的，是需要这些能力的任务。

对于约有5成的工作将被人工智能代替这种说法是不准确的，准确来说，被代替的不是工作而是任务。当然，只要有尚未结束的任务，工作就会被保留下来。例如，在欧美，销售员的工作已经按照任务分离，呼叫中心等也正在被积极地运用，但是销售工作依然存在。

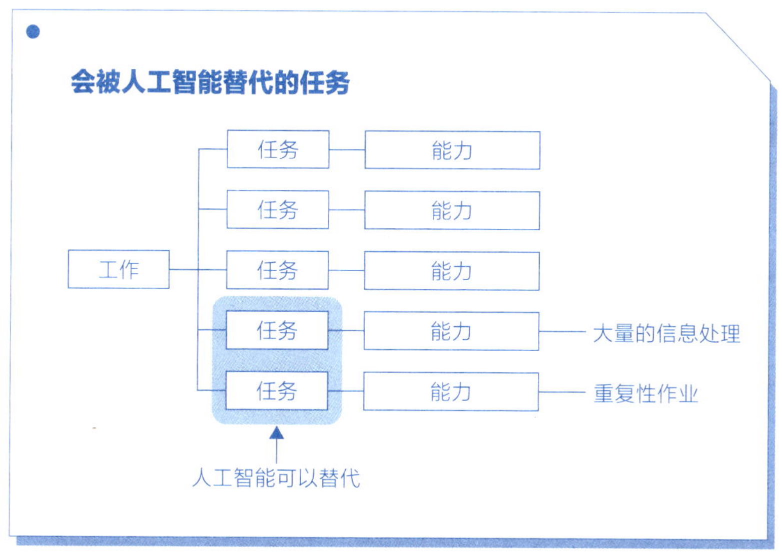

通用型人工智能的未来预测

另外，在谈到人工智能的时候，有人会说“只要有了通用型的人工智能就什么都能做了”。虽然笔者并不是这个领域的专家，但从值得信赖的专家朋友们那里了解到，以现在的衍生技术来说，这明显是不可能的。

此外，某位朋友从别的角度分析说达到以上状态还需要时间。这一点涉及如何制造。考虑到要制造高性能的机器人，需要精密的组装。以汽车的组装水平为例，现在全世界每年制造的汽车不到1亿辆。也就是说，即使制造出新的机器人替代现在所有的汽车制造设备，每年也只能生产不到1亿辆。

劳动人口的级别是数十亿，就算从现在开始马上制造机器人，也需要花费很多年。而且，高性能的通用型机器人还没有被制造出来，当然，制造这种机器人的工厂也并没有被建造出来。全部都是以假设为前提进行的。

此外，以往的每次变革都产生了新的工作。汽车诞生后，大家就不再骑马行动，由此产生了很多与汽车相关的工作。在自动纺织机出现的时候，虽然发生了卢德运动[①]，但是创造了大量的工厂劳动形式。笔者小的时候，有负责在地铁和电影院等检票的工作，公交车上也有乘务员，但是这些都被新的工作形式代替了。

最近出现了利用人工智能准确读取数据的职业，还有油管网（YouTube）博主也在孩子们喜爱的职业中名列前茅。

---

① 卢德运动：1811年，英国工人以破坏机器为手段反对工厂主压迫和剥削的自发工人运动。——译者注

在这一章中，笔者描绘了不久的将来。

笔者对2030年世界呈现的样子充满期待。

人工智能

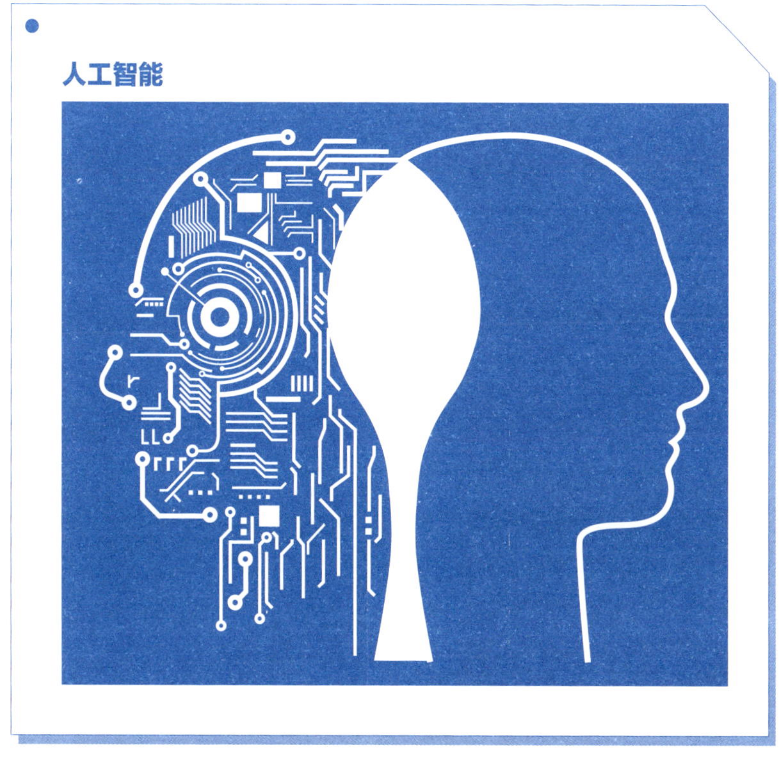

结　语

在写这本书的过程中，笔者改变了工作方式。

笔者读了琳达·格拉顿的《百岁人生》（*Life Shift*），里面写道："现在是'人生100年时代'。人们在退休后也会继续工作。"

如果你在退休后仍然工作，那么就要趁热打铁。

笔者于2019年1月24日成立了公司——株式会社中尾管理研究所。

笔者用本书中提到的"TCME"来介绍这家公司。

目标（Target）：拥有有益于世界的服务和产品，以发展为目标的公司，通过笔者的管理技巧能够加速成长或提高解决问题的可能性。笔者公司的客户是各公司的管理层。

内容（Contents）：这是笔者作为商务人士30年来学习并实践的管理体系，也是管理的具体实践技巧。

媒体（Media）：基本上只通过自己的社交网站进行宣传。因为公司刚成立不久，无法给众多企业提供服务。

表达（Expression）：用经营者能理解的语言进行说明。

如果问笔者想要说明什么，那么笔者想在本书的最后，和大家分享自己在创办公司之后感受到世界发生的巨大变化。

如果用上述的TCME来对笔者的公司进行分析，那么M处于绝对弱势。因为笔者只是在自己的脸书上宣传了"改变你的工作方式"。

与此相对的是，朋友给笔者介绍了不少公司。这令笔者感到惊讶，因为这在10多年前是无法想象的。

也许是因为有人觉得笔者有30年的商务经验所以值得信赖。也或许是有人觉得“笔者在写书所以比较专业”。事实上，在读了笔者的书之后，有人会以此为契机前来咨询。但是，如今写书的门槛也在不断降低。只要你有写书的想法，并拿出行动，就很有可能实现。

只是，笔者觉得自己所聚焦的管理理念可能和他人有所不同。笔者在2018年出版《产生最佳成果的KPI管理》的时候也有这样的感觉。大多数失败者只是单纯应用了数值管理技能。此时，如果他们能灵活运用笔者实践并传授过的关键绩效指标管理技能，那么组织发生改变的可能性就很高。

这次笔者写的管理知识也是如此。笔者要和那些所谓“科长或部门经理之类的管理职务晋升是论资排辈的”说法划清界限。笔者所说的管理是人员管理、项目管理，正是因为人们正处在人工智能和信息技术被广泛关注的时代，所以这种管理变得非常重要。

笔者在第6章的开头也写道：管理不仅仅是管理者的工作。

项目管理对所有商务人士来说都是必要的。人员管理的对象不仅仅是下属和同事。不能激发自身动力的人，也不能激发他人的动力。认真倾听自己想做的事、不想做的事，这是人员赋能的基础。

只有能为自己赋能的人，才能给他人赋能。

笔者觉得上文提到的工作咨询可能与笔者能够实践管理的本质有很大的关系。需要管理的领域还有很多，请一定要学会这2种技能。

感谢你能一直读到最后。如果笔者写的商务技巧能对大家的工作水平提升有所帮助的话，笔者将深感荣幸。

最后的最后，笔者要向编辑寺崎翼先生表示感谢。

这是继《产生最佳成果的KPI管理》之后的第2本书，笔者对本书的顺利出版感到由衷的高兴。谢谢！